Pensées sur la religion

par

Francis BACON

Édition : BoD · Books on Demand, 31 avenue Saint-Rémy, 57600 Forbach, bod@bod.fr
Impression : Libri Plureos GmbH, Friedensallee 273, 22763 Hamburg (Allemagne)
ISBN : 978-2-3225-6988-5
Dépôt légal : Mars 2025

CONSIDÉRATIONS SUR L'ATHÉISME.

Il est plus facile de croire à l'Alcoran, au Talmud et aux histoires de saints les plus fabuleuses, que de croire qu'aucune intelligence ne préside à l'univers. Aussi Dieu n'a jamais fait de miracles pour convaincre un athée. Les œuvres ordinaires de la Providence suffisent pour sa conviction. Il est vrai cependant qu'un peu de philosophie fait incliner les hommes vers l'athéisme ; mais une connaissance plus approfondie de la nature les ramène à la religion. En voici la raison : l'homme qui considère les causes secondes séparées et désunies peut bien quelquefois s'y borner, et ne pas aller plus avant ; mais quand il vient enfin à considérer comment ces causes sont liées et enchaînées les unes aux autres, il est forcé de recourir à une providence et à une cause première, pour rendre raison de cette dépendance mutuelle et de cet admirable enchaînement.

Il y a plus, l'école la plus fortement inculpée d'athéisme est celle qui sert le plus à démontrer l'existence d'un Dieu ; je parle de l'école de Leucippe, de Démocrite, d'Épicure [1] ; car il est beaucoup moins incroyable que quatre éléments sujets au changement, et une cinquième essence qui n'y est pas sujette, placés convenablement de toute éternité, aient pu, sans la direction d'un Dieu, produire cet univers, qu'il n'est incroyable qu'une multitude infinie d'atomes et de semences dispersés sans ordre dans l'espace aient pu, sans l'intervention d'un divin ordonnateur, produire ce même univers, et donner naissance à cet ordre admirable et à cette beauté dont nous sommes spectateurs.

L'Écriture dit : *L'insensé a dit dans son cœur : Il n'y a point de Dieu* [2]. Elle ne dit pas : *L'insensé a pensé dans son cœur.* Cet insensé se dit cela au dedans de lui-même, plutôt comme une chose qu'il désirerait être véritable, que comme une chose qu'il sente, et qu'il croie véritablement.

« Personne ne nie qu'il y a un Dieu, sinon celui à qui il importe qu'il n'y ait point de Dieu » : *Nemo Deos non esse credit, nisi cui Deos non esse expedit* ; et rien assurément ne prouve mieux que l'athéisme réside sur les lèvres seulement, et non pas dans le cœur, que la manie qu'ont tous ces prétendus athées de parler toujours de leur opinion. Cette manie indique assez qu'ils tremblent au-dedans d'eux-mêmes, et qu'ils cherchent à se rassurer un peu par l'approbation des autres.

On voit même quelquefois des athées qui, semblables aux chefs des autres sectes, travaillent à réunir autour d'eux des disciples ; enfin, ce qui est plus étonnant encore, on en a vu qui ont mieux aimé souffrir la mort que de rétracter leur opinion. Mais si ces derniers étaient persuadés qu'il n'existe point de Dieu, quel intérêt avaient-ils de le soutenir au péril de leur vie ?

On prétend qu'Épicure n'a enseigné qu'il existait quelques natures heureuses, qui se suffisaient à elles-mêmes et ne se mêlaient point du gouvernement de l'univers, que pour ne point se perdre dans l'opinion publique : qu'en tenant ce langage, il ne faisait que céder à la nécessité des temps ; mais qu'au fond il ne croyait pas qu'il existât de Dieu. Cette imputation ne me paraît pas assez bien fondée ; car voici une sentence d'Épicure, et qui est vraiment admirable et divine : *Ce n'est point une profanation que de méconnaître les dieux du vulgaire ; mais c'en est véritablement une d'attribuer aux dieux les opinions du vulgaire.* Platon lui-même n'aurait pas mieux parlé.

Il paraît de là que, quoique Épicure ait porté l'audace jusqu'à contester aux dieux l'administration de l'univers, il n'a pas pu la pousser jusqu'à contester leur nature.

Les Indiens occidentaux ont des noms pour leurs dieux particuliers ; mais ils n'en ont point pour signifier Dieu en général. Ils sont dans le cas où auraient été les païens, si, ayant dans leur langue les noms de Jupiter, Apollon, Mars, etc., ils eussent manqué d'un terme pour exprimer Dieu. Ce qui montre aussi que les peuples, même les plus barbares, ont la notion de la Divinité, quoique cette notion soit très imparfaite. Ainsi les sauvages mêmes se réunissent avec les philosophes pour combattre les athées.

Les athées spéculatifs sont bien rares. Un Diagoras [3], un Bion, peut-être un Lucien et un petit nombre d'autres, voilà ce qui compose cette classe, bien moins nombreuse encore qu'on ne le pense ; parce que les défenseurs d'une religion ou d'une superstition qu'on attaque, s'attachent souvent et réussissent quelquefois à faire passer pour des athées leurs adversaires, qui ne sont pourtant pas sur ce point moins orthodoxes qu'eux.

Mais les plus grands athées sont les hypocrites qui traitent continuellement les choses saintes, et cela sans aucun sentiment de religion : en sorte qu'à la fin il est impossible que leur conscience ne se cautérise pas.

L'athéisme a différentes causes. La première, ce sont les divisions dans l'ordre de la religion, si elles sont en grand nombre. Une seule division n'aboutirait qu'à enflammer le zèle de l'un et de l'autre parti ; mais des divisions multipliées, en dégoûtant de la religion, conduiraient à l'athéisme. Une autre cause de l'athéisme, c'est la vie scandaleuse des prêtres quand elle en vient au point que saint Bernard avait en vue lorsqu'il s'écrie : *Non est jam dicere : Ut populus sic sacerdos* [4] *quia nec sic populus ut sacerdos.* « On ne peut pas dire, comme on a dit autrefois : Le prêtre sera comme le peuple, parce qu'il ne sera pas même comme le peuple. »

Une troisième cause, c'est l'habitude de badiner et de plaisanter des choses saintes. Rien ne détruit plus sensiblement que cette habitude tout respect pour la religion.

Enfin on a remarqué que l'athéisme avait été plus commun dans les siècles où on avait le plus cultivé les lettres, surtout lorsque l'abondance et la paix régnaient en même temps ; car les adversités et les calamités ont l'avantage de tourner avec plus de force que toute autre chose l'esprit de l'homme vers la religion.

Ceux qui nient la Divinité détruisent tout ce qu'il y a de plus noble dans le genre humain. N'est-il pas effectivement certain que l'homme, par le corps, est semblable aux bêtes ? Si par l'âme il ne ressemble point à Dieu, il n'est alors qu'une vile et ignoble créature.

Les athées détruisent encore toute magnanimité et toute élévation dans la nature humaine. Jetez les yeux sur un chien : combien ne montre-t-il pas de générosité et de courage lorsqu'il se voit soutenu par son maître, qui lui tient lieu de Dieu ou d'une nature supérieure ! Ce courage est manifestement tel, qu'il ne pourrait jamais l'avoir à ce haut point sans sa confiance dans une nature meilleure que la sienne. Il en est ainsi de l'homme ; lorsqu'il fonde son espérance et son appui sur la providence et sur la grâce de Dieu, il tire de là une confiance, une force à laquelle la nature humaine livrée à elle seule ne pourrait jamais parvenir.

Ainsi l'athéisme, si digne de haine sous tous les rapports, l'est encore particulièrement en ce point, qu'il prive l'homme de la faculté qu'il a de s'élever au-dessus de la faiblesse humaine.

Ce que nous avons dit des individus se vérifie aussi dans les nations entières. Quelle nation égala jamais les Romains en magnanimité ? Or, écoulez ce que dit Cicéron : « Quelque prévenus que nous puissions être en notre faveur, pères conscrits, nous sommes forcés de convenir que nous ne l'avons point emporté sur les Espagnols par le nombre, sur les Gaulois par la force du corps, sur les Carthaginois par la ruse, sur les Grecs par l'habileté dans les arts, sur les Italiens eux-mêmes et les Latins par le sens exquis qui est comme propre et naturel à ce sol et à cette nation ; mais nous l'avons emporté sur tous les peuples et toutes les nations du monde par la piété et la religion, et par cette sagesse supérieure qui nous a fait reconnaître que cet univers était conduit et gouverné par la providence des dieux immortels. » *Quam volumus, licet, patres conscripti, nos amemus ; tamen nec numeros Hispanos, nec robore Gallos, nec calliditate Pœnos, nec artibus Græcus, nec denique hoc ipso hujus gentis et terræ domestico nativoque sensu Italos ipsos et Latinus ; sed pietate ac religione æque ac una sapientia, quod deorum immortalium numini omnia regi gubernarique perspeximus, omnes gentes nationesque superavimus.*

(*Fideles Sermones ethici, politici, sire interiora rerum,* cap.
XVI.)

LES PRINCIPALES CONSIDÉRATIONS PRÉCÉDENTES FORTIFIÉS ET DÉVELOPPÉES.

L'insensé a dit dans son cœur : Il n'y a point de Dieu. *Dixit insipiens in corde suo : Non est Deus.*

Premièrement, *l'insensé a dit dans son cœur*. Le prophète ne dit pas, il a pensé dans son cœur ; c'est-à-dire, qu'au fond, il ne sent pas ce qu'il dit, il veut seulement le croire : il voit qu'il serait très intéressant pour lui qu'il n'existât point de Dieu : en conséquence, il s'efforce en toute manière de faire entrer cette idée de la non-existence de Dieu dans son esprit et de se le persuader à lui-même. Il s'étudie à la publier, à l'établir, à la soutenir comme un point de fait, un article accordé, un dogme véritable. Cependant cette étincelle de la lumière primitive qui nous découvre la Divinité subsiste encore ; c'est en vain qu'il s'efforce de l'éteindre totalement, et d'étouffer dans son cœur le trouble qu'elle y fait naître. Quand il avance donc qu'il n'y a point de Dieu, ce n'est pas le sens et la lumière naturelle qui dictent en lui ce jugement, c'est la corruption, c'est la perversité de sa volonté ; et il peut dire avec le poète comique : « Mon esprit s'est rendu à mon sentiment » : *Tunc animus meus accessit ad sententiam meam* ; comme si son esprit et lui formaient deux différents personnages. Ainsi, je le répète, l'athée dit bien dans son cœur, mais ne sent point dans son cœur qu'il n'y a point de Dieu [5].

Secondement, il a dit *dans son cœur*, il n'a pas exprimé par sa bouche ; mais pourquoi craint-il d'énoncer son sentiment ? C'est par la crainte de l'infamie et de l'animadversion des lois ; car si on peut sans inconvénient, dit un ancien, s'élever contre l'existence de Dieu dans une société particulière, il est toujours très dangereux de le faire dans une assemblée du peuple. Mais que cette crainte cesse, vous verrez qu'il n'y a point d'hérésie qui ait plus d'empressement et plus d'ardeur pour se produire, pour s'étendre et se multiplier, que l'athéisme, et que ceux qui sont tombés dans ce prodigieux égarement de l'esprit ne parlent que d'athéisme, ne respirent presque et n'inculquent à tout propos que l'athéisme. L'épicurien Lucrèce en fournit un exemple frappant : il traite dans son poème une multitude de sujets divers ; et il n'en est presque aucun où il n'intercale des invectives contre la religion. Voici quelle est apparemment la raison de cette étrange manie. Un athée n'étant pas, malgré tous les mouvements qu'il se donne, assez content de lui-même, ne se confiant pas assez à lui-même, éprouvant au-dedans de lui-même que son opinion est sujette à de fréquentes éclipses et de fréquents évanouissements, il est naturel qu'il cherche à se rassurer un peu en se procurant, s'il pouvait, l'assentiment des autres. *Un ancien avait déjà remarqué avec beaucoup de sagesse que celui qui est si empressé de faire adopter son opinion par les autres témoigne par là même qu'il s'en défie.*

Troisièmement, c'est *l'insensé* qui a dit dans son cœur : Il n'y a point de Dieu ; et il est très vrai que celui qui parle ainsi est un insensé, non pas seulement parce qu'il n'a point d'idée ni de goût des choses divines, mais encore parce qu'il n'a aucune des qualités qui constituent l'homme sage.

Premièrement, si vous examinez quels sont les esprits qui ont plus de penchant vers l'athéisme, vous verrez que ce sont presque toujours des esprits superficiels, frondeurs, présomptueux, bizarres, des hommes, en un mot, très éloignés d'être recommandables par la *gravité des mœurs* et par la sagesse de leur conduite.

Secondement, les politiques qui ont eu plus d'élévation dans le génie et de grandeur dans les sentiments, n'ont point envisagé la religion et ne l'ont point employée comme une espèce d'art inventé pour contenir le peuple ; ils ont été intérieurement pénétrés de sa vérité, et ont supposé constamment que la Providence divine présidait à tous les évènements de ce monde. Au contraire, ceux qui ont tout donné à leur art et à leur industrie, aux causes prochaines et apparentes, et qui, comme parle le prophète, *ont immolé à leurs filets* [6], n'ont été que de minces et petits politiques, des hommes très vulgaires, incapables d'imprimer aucune grandeur à leurs actions.

Troisièmement, quant, à ce qui regarde la physique, je ne crains point de soutenir qu'un peu de philosophie naturelle et de médiocres progrès dans cette science qui n'auraient conduit que jusqu'à sa porte font pencher les opinions vers l'athéisme ; mais qu'une connaissance plus étendue de cette même philosophie, que des progrès dans cette philosophie qui nous auraient permis de pénétrer jusque dans son fond, ramènent les esprits à la religion. Ainsi l'athéisme, sous quelque point de vue qu'on l'envisage, paraît convaincu d'être l'enfant de l'ignorance et de la folie ; et c'est avec raison qu'on a dit que ce langage : *Il n'y a point de Dieu,* était le langage d'un insensé.

(Meditationes sacræ, t. II, p. 401.)

INCONVÉNIENTS DE L'INSTRUCTION DONNÉE AUX RAILLEURS ET AUX IMPIES.

Cette parabole de Salomon est bien digne de remarque : « Celui qui entreprend d'instruire un railleur attire sur soi des reproches et des railleries ; mais celui qui reprend un impie attire une tache sur sa réputation. » *Qui erudit derisorem, ipse sibi injuriam facit ; et qui arguit impium, sibi maculant generat* [7]. Effectivement, si vous essayez d'instruire un homme qui tourne tout en raillerie, les gens sages vous reprocheront l'inutilité de votre entreprise : vous perdez véritablement votre temps, et cet homme futile n'aura que du mépris pour les instructions que vous aurez pris la peine de lui donner. Mais vous vous exposez à de bien plus grands inconvénients si vous voulez reprendre un impie : non seulement il ne vous écoute pas, mais vous lui devenez odieux ; vous vous en faites un ennemi dangereux ; et si dans le moment il ne vous charge pas d'outrages, croyez que dans la suite il vous accablera de calomnies.

(Serm. fideles, cap. LIX, *Consilia de negotiis, ex parabolis,* par.
6.)

MÉMOIRE DE L'IMPIE BIENTÔT DÉTESTÉE.

Salomon a dit que la mémoire du juste serait accompagnée de louanges, mais que le nom des impies pourrirait comme eux. *Memoria justi cum laudibus : at nomen impiorum putrescet* [8].

L'expérience confirme chaque jour cette vérité. L'homme juste est-il mort ? L'envie qui noircissait sa réputation meurt avec lui : on lui rend aussitôt justice, et les voix qui se réunissent alors pour chanter ses louanges s'élèvent et éclatent de plus en plus. Mais pour l'impie, quoique ses amis et les hommes de son parti aient réussi pendant un court espace de temps à donner quelque célébrité à son nom, ce nom, peu de temps après, commence à inspirer du dégoût : enfin une gloire momentanée fait place à une infamie durable, et le nom, ainsi que le corps de l'impie, ne répand plus qu'une odeur de mort.

(*Serm. fideles*, cap. LIX, *Consilia de negociis*, par. 8.)

THÉOLOGIE NATURELLE

NATURE, OBJET ET BORNES DE LA THÉOLOGIE NATURELLE ; RECHERCHES SUR LES ANGES ET SUR LES DÉMONS, NON ÉTRANGÈRES À CETTE THÉOLOGIE.

Nous avons distingué trois sortes de philosophies, *la divine, l'humaine* et *la naturelle*. On peut bien appeler la théologie naturelle une *philosophie divine*, et définir celle-ci la *science*, ou plutôt une étincelle de la *science* qui a Dieu pour objet, telle qu'on peut l'acquérir par la lumière naturelle et par la contemplation des choses créées ; et cette science, qui est bien *divine* à raison de son objet, peut cependant, à raison de la manière dont elle le connaît, être censée *naturelle*.

Cette science va bien jusqu'à nous mettre à portée de connaître la loi naturelle, de réfuter encore et de confondre l'athéisme ; mais elle ne va pas jusqu'à établir suffisamment la religion. Aussi, tandis que Dieu n'a jamais fait de miracle pour convertir un athée, parce que cet athée peut parvenir à la connaissance de Dieu par la lumière naturelle, il en a fait pour la conversion des idolâtres et des superstitieux, qui ont reconnu une divinité, et se trompaient seulement dans le culte qu'on doit lui rendre ; c'est qu'effectivement, pour découvrir la volonté de Dieu et reconnaître le culte qu'il exige de l'homme, la lumière naturelle est insuffisante. Les œuvres des hommes montrent bien, il est vrai, la puissance et l'habileté de l'ouvrier, mais elles ne représentent pas les traits de son visage. Il en est ainsi des œuvres de Dieu ; elles nous découvrent bien manifestement sa sagesse et sa toute-puissance, mais elles ne nous peignent en aucune manière son image. Et en ce point les sentiments des païens ne s'accordent pas avec ce que nous apprennent les saintes Écritures. Les païens enseignaient que le monde était l'image de Dieu, et l'homme l'image du monde ; mais les saintes lettres n'ont jamais fait au monde l'honneur de dire qu'il était l'image de Dieu, elles ont seulement dit qu'il était l'ouvrage de ses mains : c'est l'homme qu'elles ont déclaré être immédiatement l'image de la Divinité. Ainsi, quand il s'agit de prouver qu'il existe un Dieu, que ce Dieu gouverne le monde, qu'il est souverainement puissant, qu'il est sage, que l'avenir lui est connu, qu'il est bon, qu'il récompense, qu'il punit, qu'il doit être adoré, les œuvres de Dieu nous fournissent des preuves et des démonstrations convaincantes. Il est même, à l'égard des attributs de Dieu, et beaucoup plus encore à l'égard du gouvernement et de l'économie de l'univers, une multitude de vérités admirables qu'on peut encore, en procédant avec sagesse, extraire, pour ainsi dire, des œuvres de Dieu et rendre manifestes ; quelques auteurs se sont occupés avec succès de ce travail.

Mais vouloir, d'après la contemplation seule des choses naturelles et les principes de la raison humaine, raisonner sur les mystères de la foi, et en presser trop vivement la croyance, les regarder trop curieusement, les discuter, et en rechercher la matière ou le comment, c'est à mon avis une entreprise dangereuse : *laissez à la foi ce qui appartient à la foi* ; voilà la règle générale, et les païens eux-mêmes, dans cette célèbre et divine fiction de la chaîne d'or, semblent en convenir, quand ils enseignent que *ni les dieux ni les hommes n'ont pu, à la faveur de celle chaîne, tirer Jupiter du ciel en terre, mais que Jupiter a pu les tirer de la terre dans les cieux.* Aussi tenterait-on inutilement de faire descendre jusqu'à la raison humaine les mystères célestes de la religion, et il est beaucoup plus convenable d'élever autant que nous pourrons nos esprits pour contempler et adorer le trône de la céleste vérité.

Loin donc de penser que dans cette partie de la *théologie naturelle* on soit demeuré en arrière, nous croyons plutôt qu'on a été trop loin ; et cette petite digression a eu pour objet de faire remarquer cet abus, à cause des inconvénients et des très grands dangers qui en résultent pour la théologie et la philosophie ; car cet abus a effectivement donné lieu aux hérésies, et a rempli la philosophie de chimères et de superstitions.

Mais il en est autrement de la nature des anges et des esprits : elle n'est point impénétrable à la raison humaine, et la recherche ne nous en est point interdite ; nous avons même pour cette recherche une grande ouverture dans l'affinité qu'ont les anges avec l'âme des hommes. La sainte Écriture nous dit bien, il est vrai : Que personne ne vous séduise dans la hauteur de ses discours et la religion des anges, en parlant de ce qu'il ne connaît pas : *Nemo vos decipiat in sublimitate sermonum et religione angelorum, ingerens se in ea quæ non novit* [9]. Mais si l'on veut approfondir cet avertissement, on verra que deux choses seulement nous sont défendues : la première, c'est de rendre aux anges l'adoration qui n'est due qu'à Dieu seul ; la seconde, c'est d'adopter à leur égard des opinions qui respireraient le fanatisme, telles que sont celles qui les élèveraient au-dessus de la condition de simples créatures, et celles qui suppose qu'on a, sur ce qui les concerne, des connaissances bien plus étendues que celles qu'on en a effectivement, et qu'aucun homme n'en a jamais eues. Mais une recherche modeste de ce qui regarde les anges, et qui tendrait à nous faire parvenir à connaître leur nature, en remontant à eux par le degré des choses corporelles, ou bien en les contemplant dans l'âme humaine comme dans un miroir ; une semblable recherche, dis-je, ne nous est point défendue. Nous en disons autant des *esprits immondes* [10] qui sont déchus de leur état : sans doute il n'est pas permis d'avoir avec eux aucun commerce, d'employer leur ministère, et, à bien plus forte raison, de leur rendre aucune espèce d'hommage ou de culte religieux ; mais la recherche et la connaissance de leur nature, de leur puissance, de leurs prestiges, tirée non seulement de ce que nous en apprend la sainte Écriture, mais encore de ce que nous en découvrent la raison et l'expérience, n'est pas la partie la moins curieuse de la *sagesse spirituelle*. L'Apôtre lui-même se glorifie de cette connaissance. *Nous n'ignorons point*, dit-il, *les ruses de Satan* [11].

Après tout, il est aussi bien permis dans la théologie naturelle de rechercher la nature des démons, qu'il est permis dans la morale de rechercher la nature des vices, et dans la physique la nature des poisons. Or cette partie de la science sur les anges et les démons n'est point au rang des choses dont nous désirons qu'on s'occupe ; un grand nombre d'auteurs s'en sont déjà occupés suffisamment. Nous désirerions plutôt qu'on ne pût point reprocher justement à plusieurs de ces écrivains de ne s'être point assez tenus en garde dans leurs recherches contre la vanité, la superstition et une frivole subtilité.

(De Augm. scient. lib. III, cap. II.)

DE L'IMMORTALITÉ DE L'ÂME.

Quelques philosophes entièrement plongés dans les sens, n'ayant assurément rien de divin, et niant avec opiniâtreté l'immortalité de l'âme, ont cependant été contraints, par la force de la vérité, d'avouer que, quoique les mouvements purement affectifs périssent, il est pourtant probable que tous les mouvements et tous les actes qu'exerce l'âme, sans le ministère du corps, tels que sont, sans doute, les actes de l'entendement, subsistent encore après la mort : tant la science leur a paru une chose incorruptible et immortelle. Mais nous, aux yeux de qui a brillé la lumière de la civilisation, nous élevant au-dessus de la sphère grossière et ténébreuse des sens, nous savons que non seulement les actes de notre esprit, mais encore nos sentiments, après qu'ils auront été épurés, survivront à noire corps ; que non seulement notre âme est immortelle, mais que notre corps lui-même est appelé à jouir dans son temps de l'immortalité.

(De Augm. scient. lib. I, vers. fin.)

HISTOIRE DES PROPHÉTIES ET HISTOIRE DES VENGEANCES DIVINES, PARTIE DE L'HISTOIRE ECCLÉSIASTIQUE.

Nous proposons de diviser toute histoire ecclésiastique en *histoire ecclésiastique* proprement dite (conservant à cette partie, le nom du genre), en *histoire des prophéties*, et en *histoire des vengeances divines ou de le Providence*.

La première comprendrait les temps et les états divers de l'Église militante, soit qu'elle soit agitée par les flots, comme *l'arche de Noé dans les eaux du déluge*, soit qu'elle voyage *dans le désert, comme l'arche d'alliance*, soit qu'elle soit en repos, comme *l'arche dans le temple* ; c'est-à-dire que cette histoire ferait connaître l'état de l'Église dans la persécution, dans le mouvement ou l'action, et dans la paix. Nous ne voyons pas qu'il y ait d'additions à faire à cette première partie de l'histoire, nous croirions plutôt qu'il y aurait à faire beaucoup de retranchements ; mais ce que nous désirerions bien certainement, c'est que, dans ce vaste corps d'histoire, les auteurs se fussent appliqués à mettre plus de grâce dans leur style et d'exactitude dans leurs récits.

La seconde partie, qui est *l'histoire des prophéties* ou, pour mieux dire, *l'histoire sur les prophéties*, est formée de deux parties

13

relatives l'une à l'autre : la prophétie elle-même et l'accomplissement de la prophétie. Cette histoire doit donc être faite de manière qu'à la suite de chaque prophétie de l'Écriture sainte se trouve le récit des évènements qui en montrent l'accomplissement, et cela dans tous les âges du monde. L'objet et la fin de ce travail, c'est de confirmer la foi, c'est de donner de la facilité et une sorte de méthode pour l'interprétation des prophéties qui restent encore à accomplir. Cependant on ne doit point exiger dans l'accomplissement des prophéties une précision et une ponctualité rigoureuses, et il faut admettre la latitude qui est propre et ordinaire aux prophéties divines, car elles tiennent de la nature de leur auteur, pour qui *un jour est comme mille ans, et mille ans sont comme un jour* [12] ; et quoique leur plénitude et le dernier point de leur accomplissement soient le plus souvent attachés à une certaine période de temps ou même à un certain moment, cependant cet accomplissement dans les divers âges du monde se fait avec une sorte de gradation et de marche successive. Je crois qu'un semblable ouvrage nous manque et qu'on devrait s'en occuper ; mais je crois, en même temps, qu'il vaudrait mieux ne point s'en occuper du tout si le sujet ne devait pas être traité avec beaucoup de religion, de modération et de sagesse.

La troisième partie, qui est *l'histoire des vengeances divines*, a bien été traitée par quelques pieux personnages, mais non pas avec l'impartialité convenable. L'objet de cette histoire est de faire remarquer le divin accord qu'on aperçoit quelquefois entre la volonté de Dieu révélée et sa volonté secrète ; car quoique les conseils et les jugements de Dieu soient enveloppés d'une si profonde obscurité qu'ils sont entièrement impénétrables *à l'homme animal*, et que même ils se dérobent le plus souvent aux yeux de ceux qui regardent *du haut du tabernacle*, cependant la divine sagesse, pour affermir les fidèles dans la foi et confondre ceux qui vivent *connue s'ils étaient sans Dieu dans ce monde* [13], a jugé à propos de mettre de temps en temps sous nos yeux ces conseils et ces jugements écrits, pour ainsi dire, en gros caractères, en sorte qu'il n'est personne, comme parle le prophète, qui, *même en courant, ne puisse les lire* [14] : c'est-à-dire qu'il en agit ainsi, afin que les hommes plongés entièrement dans les sens et les plaisirs, les hommes qui s'efforcent de ne pas voir les jugements divins lorsqu'ils arrivent, qui même n'en font jamais l'objet de leurs pensées, soient cependant, malgré la rapidité de leur course et leur attention à se distraire par d'autres occupations, forcés de les voir et de les reconnaître. Telles sont les vengeances tardives et inopinées, les délivrances qui arrivent subitement et contre toute espérance, les conseils divins qui, après avoir décrit une courbe féconde en points d'inflexions et de rebroussements, se développent enfin et se montrent à tous les yeux. Tels sont tant d'autres évènements semblables qui servent infiniment, non seulement à consoler les fidèles, mais encore à convaincre les méchants et à jeter le trouble dans le fond de leur conscience.

(De Augm. scient., lib. II, cap. XI.)

CARACTÈRE DE BONTÉ DANS LES MIRACLES DU SAUVEUR.

Applaudissons à notre Sauveur avec les Israélites ; écrions-nous comme eux : Il a bien fait toutes choses. *Bene oninia fecit* [15].

Dieu, dans la création de l'univers, se rendit ce témoignage que toutes ses œuvres avaient été parfaitement bien faites. Dieu le Verbe, dans les miracles qu'il a opérés (et remarquez que les miracles ne dérivent point de la loi de la première création et sont une création nouvelle), Dieu le Verbe, dis-je, n'a rien voulu faire qui ne respirât parfaitement la bonté et la bienfaisance.

Moïse a fait des miracles, mais par ses miracles il a frappé les Égyptiens d'une multitude de plaies plus désolantes les unes que les autres. Élie a fait des miracles ; mais il ferma le ciel pour que la pluie cessât de tomber sur la terre, et il l'ouvrit ensuite pour en faire tomber un feu qui consuma des cohortes entières avec leur chef. Élisée a fait des miracles ; mais par son ordre des ours accourent du désert et dévorent une troupe d'enfants impies.

Pierre a frappé de mort Ananie, cet hypocrite sacrilège ; Paul a frappé d'aveuglement le magicien Élymas : mais Jésus n'a rien fait de semblable. L'Esprit-Saint descendit sur sa personne sous la forme d'une *colombe*, et c'est cet Esprit qu'il reprocha aux apôtres de ne point connaître lorsqu'ils lui proposèrent de faire tomber le feu du ciel sur les Samaritains. L'esprit de Jésus est vraiment un esprit de colombe. Les serviteurs de Dieu, dont nous avons parlé, ont été dans l'aire du Seigneur comme *les bœufs qui brisent le grain et foulent aux pieds la paille* ; mais Jésus a paru au milieu de nous comme l'*agneau de Dieu*, qui ne témoigne point de colère et ne rend point de jugement rigoureux. Tous ses miracles ont eu pour objet la santé du corps, et son enseignement la santé de l'âme. Le corps humain a besoin d'aliments, de soins, de protection contre les accidents du dehors : eh bien Jésus a fait tomber un très grand nombre de poissons dans les filets pour procurer aux hommes une nourriture plus abondante ; aux noces de Cana, il changea l'eau en une liqueur plus précieuse pour porter ou maintenir la gaieté dans le cœur des convives ; il a fait périr tout à coup un figuier, parce que cet arbre ne portait point les fruits qu'il était destiné à fournir aux hommes ; il a multiplié les pains et les poissons pour nourrir une multitude immense qui l'avait suivi dans le désert ; il a communié aux vents de se taire pour rassurer quelques navigateurs contre la crainte du naufrage ; il a rendu aux paralytiques le mouvement, aux muets la parole, aux malades la santé, aux lépreux la netteté du corps, aux démoniaques la liberté d'esprit, et aux morts la vie ; enfin, aucun de ses miracles n'a été un acte de rigueur : tous ont été des actes de bienfaisance, tous ont eu pour objet le corps humain et jamais le signe représentatif des richesses, excepté quanti il fallut payer à César le *tribut ordinaire*.

(Meditationes sacræ, t. II, p. 396.)

CONFESSION DE FOI DE BACON.

1º Je crois que Dieu est éternel. La nature, la matière, les esprits, les essences, tout a commencé, excepté Dieu, et ce Dieu unique, toujours le même, qui, de toute éternité, est infiniment puissant, seul sage, seul bon dans sa nature, est aussi de toute éternité Père, Fils, et Saint-Esprit, en trois Personnes.

2º Je crois que Dieu est si saint, si pur, si *jaloux*, qu'il lui est impossible de se plaire dans aucune des créatures, qui sont pourtant toutes l'ouvrage de ses propres mains ; qu'ainsi il n'est ni ange, ni homme, ni monde qui soit ou qui puisse être un seul moment agréable à ses yeux, qu'autant qu'il les envisage dans le *médiateur* ; et voilà pourquoi, aux yeux de Celui à qui toutes choses sont présentes, *l'Agneau de Dieu a été immolé avant le commencement du monde* [16]. Sans cette éternelle disposition de sa divine providence, il lui aurait été impossible de s'abaisser à aucune œuvre de création, mais il aurait éternellement joui de la bienheureuse et indivisible société des trois Personnes dans le sein de sa divinité.

3º Je crois que, par un effet de sa bonté et de son amour infini et éternel, Dieu s'étant proposé de devenir créateur, et de se communiquer jusqu'à un certain point à ses créatures, détermina, dans son conseil éternel, qu'une Personne de la Divinité serait unie à une nature créée et à un individu de cette nature. Ainsi, dans la personne du médiateur, fut vraiment établie une sorte d'échelle, à la faveur de laquelle Dieu pût descendre jusqu'à ses créatures, et les créatures pussent remonter jusqu'à Dieu. Dans cet ordre de la providence, Dieu, en considération du grand médiateur, tournant ses regards et répandant ses faveurs sur ses créatures, quoique dans des degrés et des mesures différentes, trace un plan conformément aux dispositions de sa très sainte et très sacrée volonté, suivant lequel quelques-unes de ses créatures se soutiennent et conservent leur premier état de grâce ; d'autres tombent, mais se relèvent ; d'autres enfin tombent et ne se relèvent point, et continuent cependant d'exister, quoique dans un état de corruption et toujours objets de la colère divine. C'est en vue et sous l'influence du médiateur que s'opèrent toutes ces choses, parce qu'il est, comme le grand mystère, le centre parfait de toutes les voix de Dieu sur ses créatures, auquel servent et aboutissent toutes ses autres œuvres et toutes ses merveilles.

4° Je crois que, conformément à son bon plaisir, il a voulu que l'homme fût cette créature, à la nature de laquelle la personne du Fils éternel de Dieu serait unie ; que parmi les différentes générations il a choisi un petit nombre d'hommes dans lesquels il s'est proposé, en se communiquant lui-même, de faire éclater les richesses de sa gloire. Tout le ministère des anges, la damnation des démons et des réprouvés, l'administration universelle de toutes les créatures, la dispensation de tous les temps, comme autant de voies directes et indirectes de la Providence, aboutissent uniquement à faire glorifier Dieu de plus en plus dans ses saints, qui ne sont qu'un avec le médiateur, leur chef, comme le médiateur n'est lui-même qu'un avec Dieu.

5° Je crois qu'en vertu de son conseil, conformément à son bon plaisir et dans le temps qu'il a jugé convenable, Dieu a daigné devenir créateur ; que par sa Parole éternelle il a tiré du néant toutes les choses qui existent, et que par son Esprit éternel il les soutient et les conserve.

6° Je crois que toutes les créatures, au sortir des mains de Dieu, étaient bonnes ; que Dieu, ayant abandonné le commencement de tout le mal et de tout le désordre à la liberté de la créature, s'était réservé en lui-même le commencement de tout rétablissement dans le premier état, ainsi que la liberté dans la distribution de ses grâces, en se servant néanmoins de la chute et de la défection de sa créature, qu'il connaissait de toute éternité par sa prescience, pour l'exécution de son conseil éternel à l'égard du médiateur et de l'œuvre qu'il s'était proposé d'accomplir en sa personne.

7° Je crois que Dieu a créé des esprits, dont les uns se sont maintenus dans leur premier état, et les autres en sont tombés ; qu'il a créé le ciel et la terre, ainsi que *leurs armées et leurs générations* ; qu'il leur a donné des lois constantes et perpétuelles, et que ce que nous appelons nature n'est autre chose que ces mêmes lois ; qu'on peut compter dans ces lois trois vicissitudes ou trois époques ; qu'elles en subiront encore une quatrième, la dernière de toutes : la première eut lieu lorsque la matière du ciel et de la terre fut créée informe ; la durée de l'ouvrage des six jours forme la seconde ; la troisième se compte depuis la malédiction prononcée contre l'homme et la terre, malédiction qui ne fut pas néanmoins une création nouvelle ; enfin la dernière des vicissitudes datera de la fin du monde, mais la manière dont elle s'opérera ne nous a pas été pleinement révélée. Ainsi les lois de la nature qui existent aujourd'hui, et qui gouverneront invariablement le monde jusqu'à la fin, commencèrent à être en vigueur quand Dieu eut consommé l'ouvrage de la création ; elles furent révoquées au temps de la malédiction, et n'ont subi aucune variation depuis cette époque.

8° Je crois que, quoique Dieu ait cessé de créer et se soit reposé depuis le premier sabbat, cependant il exécute et accomplit sa volonté en toutes choses, grandes et petites, générales et particulières, aussi pleinement et aussi parfaitement par sa providence qu'il pourrait le faire par des miracles et par une création nouvelle, quoique son opération ne soit ni immédiate ni directe, et ne trouble en aucune manière la nature, qui, dans le fond, ainsi que nous l'avons déjà observé, n'est rien autre chose que la loi par laquelle Dieu gouverne ses créatures.

9° Je crois que dans le principe l'âme de l'homme n'a point été tirée du ciel ni de la terre, mais qu'elle est le produit d'un souffle immédiat de Dieu ; de sorte que les voies et les procédés de Dieu à l'égard des esprits ne sont point renfermés dans l'ordre de la nature, c'est-à-dire dans les lois données au ciel et à la terre, mais que ces règles et ces procédés appartiennent à la loi de sa volonté secrète et de sa grâce ; d'où il suit que Dieu opère toujours et ne se repose point de l'œuvre de la rédemption comme il se repose de l'œuvre de la création, et qu'il ne cessera point d'agir jusqu'à la fin du monde. Alors son ouvrage aura toute sa perfection et sera suivi d'un sabbat éternel.

10° Je crois pareillement que toutes les fois que Dieu suspend les lois de la nature en opérant des miracles, qui peuvent être toujours regardés comme de nouvelles créations, il ne le fait jamais qu'en vue de l'œuvre de la rédemption, qui est la plus grande de ses œuvres et, comme nous l'avons déjà dit, celle à laquelle se rapportent tous les prodiges et tous les miracles divins.

11° Je crois que Dieu a créé l'homme à son image et à sa ressemblance, dont les principaux traits sont une âme raisonnable, l'innocence, la liberté et la souveraineté ; qu'il lui donna une loi et un commandement que l'homme pouvait observer, mais qu'il n'observa pas ; que, par cet acte de désobéissance, l'homme dès lors tomba dans un état de défection totale à l'égard de Dieu, portant la présomption jusqu'à imaginer que les commandements et les défenses de Dieu n'étaient point les règles du bien et du mal, mais que le bien et le mal avaient leur propre principe et leur propre origine, et désirant ardemment acquérir la connaissance de ces principes dans le dessein de ne plus dépendre de la volonté connue de Dieu, mais de dépendre uniquement de lui-même et de sa propre lumière, comme s'il était un Dieu : dessein le plus diamétralement opposé à la loi de Dieu. Cependant ce grand péché, considéré dans sa première origine, ne vient pas de l'homme, mais de la suggestion et de l'instigation du démon, la première créature qui se soit révoltée contre Dieu, et qui tomba dans le péché par pure malice, et non à la suite d'une tentation.

12° Je crois que la mort et le désordre sont entrés dans le monde comme une suite du péché de l'homme et un effet de la justice de Dieu ; que l'image de Dieu a été défigurée dans l'homme ; que le ciel et la terre, qui avaient été faits pour l'usage de l'homme, ont été, par une suite de son péché, assujettis eux-mêmes à la corruption ; mais qu'aussitôt après que la parole de la loi de Dieu eut été frustrée de l'obéissance qui lui était due par la chute de l'homme, et à l'instant même, *se fit entendre la grande parole de la promess*e : que l'homme recouvrerait par la foi l'état de justice dans lequel Dieu l'avait créé.

13° Je crois qu'ainsi que la parole *de la loi de Dieu* durera éternellement, la *parole de sa promesse* aura aussi une durée éternelle ; mais que l'une et l'autre ont été manifestées de différentes manières, selon l'ordre des temps ; car la loi a d'abord été manifestée dans ce reste de lumière éternelle que la chute de l'homme n'a pas entièrement éteinte, et qui a été suffisante pour accuser les prévaricateurs : Moïse, dans ses écrits, en a donné une plus claire connaissance ; les prophètes ont ajouté encore à la clarté et à l'étendue de cette connaissance ; enfin le Fils de Dieu, le prophète par excellence et le parfait interprète de la loi, nous l'a manifestée dans toute sa perfection. Quant à la parole de la promesse annoncée d'abord et manifestée par la voie d'une révélation ou inspiration immédiate, elle a été figurée ensuite et perpétuellement rappelée par les rites et les cérémonies de la loi. Toute l'histoire de l'ancien monde et celle de l'Église des Juifs en retraçaient encore sans cesse le souvenir ; car quoique ces histoires, entendues à la lettre, soient très véritables, elles sont cependant pleines d'une allégorie perpétuelle et des types de la rédemption future. Cette même promesse ou, si l'on veut, cet évangile déjà clairement révélé et développé par les prophètes, l'a été bien plus pleinement encore par le Fils de Dieu lui-même, et enfin par l'Esprit-Saint, qui, jusqu'à la fin du monde, ne cessera point d'éclairer son Église.

14º Je crois que dans la plénitude des temps, conformément à la promesse faite par Dieu et confirmée avec serment, descendit d'une race choisie la bienheureuse semence de la femme, *Jésus-Christ*, Fils unique de Dieu et Sauveur du monde, qui fut conçu par la puissance et l'opération du Saint-Esprit et prit un corps dans le sein de la Vierge Marie ; que non seulement le Verbe prit chair ou fut uni à la chair, *mais qu'il fut fait chair*, quoique sans confusion de substance ou de nature ; qu'ainsi le Fils éternel de Dieu et le Fils à jamais béni de Marie était une seule personne, et tellement *une*, que la bienheureuse Vierge peut être véritablement et catholiquement appelée *Deipara*, Mère de Dieu ; tellement une encore, qu'il n'y a pas d'unité dans toute la nature, non pas même celle du corps et de l'âme dans l'homme, qui soit aussi parfaite ; parce que les trois célestes unités, dont celle-ci est la seconde, surpassent toutes les unités naturelles. J'entends par ces trois célestes unités, l'unité des trois Personnes en Dieu ; l'unité de Dieu et de l'homme dans le Christ ; l'unité du Christ et de l'Église. La première sans doute est céleste, et j'appelle célestes ces deux dernières, parce que l'Esprit-Saint en est l'auteur ; c'est par son opération que le Christ a été incarné et vivifié dans la chair, et c'est par l'opération du même Esprit que l'homme a été régénéré et vivifié dans l'esprit.

15º Je crois que le Seigneur Jésus est devenu, dans sa chair, le prêtre et la victime pour le péché, la satisfaction et la rançon qu'exigeait la justice de Dieu, le vainqueur, à qui sont dus la gloire et le royaume ; le modèle de la sainteté, le prédicateur de la parole, qui était lui-même le terme, qui a rempli le sens et la fin de toutes les cérémonies ; la pierre angulaire de tout l'édifice qui réunit les Juifs et les Gentils, le perpétuel intercesseur pour l'Église, le maître de la nature dans ses miracles, le triomphateur de la mort et de la puissance des ténèbres dans sa résurrection. Je crois, de plus, qu'il a exécuté tous les desseins pris dans le conseil de Dieu, rempli l'office sacré pour lequel il avait été oint et envoyé sur la terre, accompli l'œuvre entière de la rédemption de l'homme, rétabli l'homme dans un état supérieur à celui des anges, auxquels il était inférieur dans le premier état de sa création. Je crois enfin qu'il a réconcilié le ciel avec la terre, et établi toute chose conformément à l'éternelle volonté de Dieu.

16° Je crois que le Seigneur Jésus, dans le temps, est né sous le règne d'Hérode ; qu'il a souffert sous le gouvernement de Ponce Pilate, président pour les Romains dans la Judée, et sous le pontificat de Caïphe ; qu'il fut trahi par Judas, un de ses douze apôtres, et crucifié à Jérusalem ; qu'après une mort véritable, et après que son corps eut été enseveli dans un sépulcre, le troisième jour il rompit lui-même les liens de la mort, et se leva du tombeau, apparaissant à plusieurs témoins d'élite pendant plusieurs jours ; et qu'à la fin de ces mêmes jours, en présence de ses apôtres, il monta dans les cieux, où il continue d'intercéder pour nous ; qu'il en redescendra, au temps marqué dans les décrets de la Providence, avec tout l'éclat de sa gloire pour juger l'univers.

17° Je crois que les souffrances et les mérites de Jésus-Christ, quoique suffisants en eux-mêmes pour effacer les péchés du monde entier, ne sont cependant efficaces que pour ceux seulement qui sont régénérés par l'Esprit-Saint, Esprit qui souffle où il lui plaît, par une pure grâce ; et cette grâce, semblable à une semence incorruptible, vivifie l'esprit de l'homme, le constitue enfant de Dieu et membre du Christ, en sorte que le Christ étant revêtu de la chair de l'homme, et l'homme étant revêtu de l'Esprit du Christ, il se forme par là un passage et une imputation réciproque, en vertu de laquelle la colère et le péché sont transportés de l'homme au Christ, et le mérite et la vie sont transportés du Christ à l'homme. Cette semence de l'Esprit-Saint, cette grâce, trace en nous, par la foi vive, l'image de Jésus-Christ mort et crucifié, et y rétablit dans l'image de Dieu à laquelle nous avons été créés, les traits de charité et de sainteté que le péché avait effacés. L'une et l'autre opération n'ont lieu cependant que d'une manière imparfaite, et dans des degrés différents, même à l'égard des élus, soit qu'il s'agisse de la manière dont le Saint-Esprit opère, soit qu'il s'agisse du degré de la lumière qu'il communique effectivement avec plus ou moins d'abondance. C'est ainsi que l'Église, avant Jésus-Christ, a été moins éclairée et moins bien partagée que nous, quoique le même salut et les mêmes moyens de salut lui fussent communs avec nous.

18° Je crois que l'œuvre du Saint-Esprit, dont nous avons parlé, quoiqu'elle ne soit liée à aucun moyen particulier dans le ciel et sur la terre, cependant s'accomplit ordinairement par la prédication de la parole et l'administration des sacrements ; par l'influence des pères sur leurs enfants et les instructions qu'ils leur donnent, par la prière, la lecture, les censures de l'Église, la société des personnes pieuses, les croix et les afflictions, les bienfaits de Dieu, ses jugements sur les autres individus, ses miracles, la contemplation de ses créatures. Tels sont les moyens plus ou moins efficaces dont Dieu se sert pour opérer et procurer la vocation et la conversion de ses élus, sans déroger cependant au pouvoir, qu'il a indépendamment de tous ces moyens, d'appeler immédiatement, par sa grâce, les hommes à toutes les heures et à tous les moments du jour, c'est-à-dire, dans tous les temps de leur vie, conformément à son bon plaisir.

19° Je crois que la parole de Dieu, par laquelle il nous fait connaître ses volontés, n'a été connue et ne nous est parvenue que par la voix de la révélation et de la tradition jusqu'à Moïse : que les Écritures, dépositaires de la parole de Dieu, ont eu lieu depuis le temps de Moïse jusqu'au temps des apôtres et des évangélistes ; mais que dans ces derniers temps, et après la descente du Saint-Esprit, auteur de toute vérité, le livre des Écritures fut clos et fermé comme ne devant plus recevoir d'additions nouvelles : qu'après les saintes Écritures, l'Église ne peut rien enseigner ni rien commander qui soit contraire à la parole consignée dans les Écritures ; mais qu'elle est semblable à l'arche où les tables du premier Testament étaient gardées et conservées : c'est-à-dire que l'Église a seulement la garde et la distribution des Écritures qui lui ont été confiées. Cependant elle a de plus encore le droit de les interpréter ; mais cette interprétation doit être fondée sur les Écritures elles-mêmes [17].

20° Je crois qu'il y a une Église de Dieu, universelle ou catholique, répandue sur toute la surface de la terre, qui est l'épouse et le corps du Christ, composée des pères de l'ancien monde, de l'Église des Juifs, des fidèles trépassés et des fidèles vivants, des hommes qui ne sont pas encore nés, et qui sont déjà écrits dans le livre de vie : qu'il y a aussi une Église visible, distinguée de toute autre par les œuvres extérieures de l'alliance de Dieu, par la réception de sa sainte doctrine, l'usage de ses sacrements, l'invocation et la sanctification de son saint nom ; qu'il y a aussi dans les *prophètes* du nouveau Testament et les Pères de l'Église une sainte succession qui continuera sans interruption depuis le temps des apôtres et des disciples qui ont vu Notre-Seigneur *dans sa chair*, jusqu'à la consommation de l'œuvre du ministère dont ils ont été chargés. C'est Dieu qui, par des grâces et des goûts intérieurs, fait connaître à ces personnes qu'il les appelle au ministère : mais cette vocation intérieure est suivie d'une vocation extérieure et de l'ordination de l'Église.

21° Je crois que les âmes de ceux qui meurent dans le Seigneur sont bienheureuses ; qu'elles reçoivent la récompense de leurs travaux et jouissent de la vue de Dieu ; que cependant elles vivent dans l'attente d'une gloire qui leur est promise, et dont elles n'entreront complètement (corps et âme) en possession qu'au dernier jour du monde : temps où tous les hommes ressusciteront et comparaîtront au tribunal de Jésus-Christ pour y entendre le jugement qui fixera leur sort pendant l'éternité. C'est alors que les saints entreront dans la plénitude de leur gloire, et que Jésus-Christ remettra son royaume, qui est son Église, à Dieu son Père [18] : de ce moment, tout ce qui existe continuera d'exister et persévérera dans l'état où l'ordre de Dieu l'aura fixé pendant l'éternité entière.

Ainsi, on pourrait distinguer trois temps, si toutefois on peut employer ici ce terme ou celui de partie de l'éternité. Le premier, c'est celui qui a précédé tous les commencements, lorsque Dieu était seul, et n'avait encore tiré aucun être du néant ; le second, que j'appelle le temps du *mystère* (ou du secret), celui qui remplit tout l'intervalle entre la création du monde et sa dissolution ; enfin, le troisième temps, qui est le dernier de tous, et qui sera sans variation et sans terme, est celui de la manifestation et de la gloire des enfants de Dieu.

(*A Confession of faith*, t. III, p. 453.)

CONTRADICTIONS APPARENTES DANS LES SENTIMENTS D'UN CHRÉTIEN.

1º Un chrétien croit être précieux aux yeux de Dieu, tandis qu'à ses propres yeux il est méprisable. Il n'ose se justifier dans des choses où sa conscience ne lui reproche rien [19], et il croit que des actions où Dieu peut lui reprocher bien des fautes servent à sa justification ; il croit en même temps qu'il n'est pas et de peines qu'il ne mérite, et de biens que Dieu ne lui destine ; il est souvent dans le chagrin, et toujours dans la joie ; il laisse de temps en temps échapper des plaintes, et il rend continuellement des actions de grâces ; il a les sentiments les plus humbles et les prétentions les plus hautes ; il est toujours satisfait, et cependant il demande sans cesse.

2º Il est riche dans la pauvreté, et pauvre au milieu des richesses ; il n'a fait aucune convention avec Dieu, et néanmoins il prétend à un grand salaire ; la perte de la vie est pour lui un gain, et en perdant sa vie, il croit qu'il la sauve [20].

3º Il ne vit pas pour lui, et cependant il est de tous les hommes celui qui pourvoit le plus sagement à ses intérêts ; il renonce souvent à lui-même, et pourtant personne ne l'aime aussi véritablement qu'il s'aime lui-même ; il est l'homme à qui on fait le plus d'injures, et à qui on rend le plus d'honneurs, qui éprouve le plus de peines, et qui goûte le plus de consolations.

4º Plus ses ennemis lui font d'injustices, plus ils lui procurent d'avantages ; plus il se détache des choses de ce monde, plus il en tire de profit.

5º Il est le plus sobre des hommes, et il mène la vie la plus délicieuse ; il prête et donne avec la plus grande générosité, et cependant il est le plus grand des usuriers ; il est complaisant à l'égard de tous les hommes, et souvent tous les hommes le trouveraient inflexible ; il est le meilleur des fils, le meilleur des maris, le meilleur des frères, le meilleur des amis, et cependant il hait son père, sa mère, ses frères et ses sœurs [21].

6º Il sait que *s'il plaît aux hommes, il ne peut être le serviteur du Christ* [22], et cependant, pour l'amour du Christ, il s'efforce en tout de plaire à tous les hommes ; il aime et fait partout régner la paix, et cependant il se bat sans cesse et ne se réconcilie jamais avec son ennemi.

7º Il croit pire qu'un infidèle celui qui ne se met point en peine des siens [23], et cependant il vit et meurt sans se mettre en peine de lui-même ; il regarde tous les hommes comme ses supérieurs, et cependant il maintient avec fermeté son autorité sur les hommes ; il traite avec sévérité ses enfants, parce qu'il les aime ; et parce qu'il aime aussi ses ennemis, il les traite avec bonté.

8º Il se regarde comme un roi, quelque abjecte que soit sa condition ; et d'un autre côté, quelque élevée que sa condition puisse être, il ne se croit pas digne de servir le plus pauvre des saints.

9º Il est souvent dans les fers, et toujours en liberté ; quelquefois serviteur des autres, et toujours affranchi de toute servitude.

10º Il croit que Dieu a commandé à tout homme qui lui fait du bien de le lui faire, et cependant il est le plus reconnaissant de tous les hommes à l'égard de ceux qui lui font quelque bien ; il sacrifierait volontiers sa vie pour sauver l'âme de son ennemi, et il ne voudrait pas s'exposer à commettre un seul péché pour sauver la vie de celui qui aurait sauvé la sienne.

11º S'il a fait un serment dont l'observation tourne à son préjudice, il n'en est pas moins fidèle à l'observer ; mais il ne se croirait jamais engagé par un serment à faire la faute la plus légère.

12º Il croit que Jésus-Christ n'a besoin d'aucune de ses œuvres, et cependant il se persuade qu'il soulage Jésus-Christ dans toutes les œuvres de charité qu'il exerce ; il sait qu'il ne peut rien faire de lui-même, et cependant il travaille de toutes ses forces pour opérer son propre salut ; il fait profession de ne pouvoir rien, et il fait avec autant de vérité profession de pouvoir tout.

13º La parole de Dieu le fait trembler, et cependant elle est à son goût plus douce *qu'un rayon de miel*, et à ses yeux *plus précieuse que des milliers d'or et d'argent* [24].

14º Il confesse qu'il ne sera sauvé ni par la vertu, ni en considération de ses bonnes œuvres, et cependant il multiplie autant qu'il peut ses bonnes œuvres.

15º Il reconnaît que la providence de Dieu conduit toutes les affaires de ce monde, et néanmoins il est aussi soigneux dans la conduite de ses propres affaires que si leur succès était uniquement entre ses mains.

16º Il croit que Dieu exauce ses prières lors même qu'il n'obtient pas ce qu'il lui demande ; et s'il arrive des évènements qu'il avait prié Dieu de ne point permettre, il lui en rend des actions de grâces.

17º Il est souvent retenu captif *sous la loi du péché* [25], et cependant le péché ne domine pas sur lui [26] ; il ne fait rien contre sa volonté, et cependant il fait ce qu'il ne veut pas [27].

18º Il est en même temps un serpent et une colombe, un agneau et un lion, un roseau et un cèdre ; comme Abraham, il espère contre toute espérance, et quoiqu'il ne puisse résister à la logique et aux raisonnements du Sauveur, il espère l'emporter, comme cette femme cananéenne de l'Évangile [28], avec la rhétorique et la force de l'importunité.

19º Il croit le meurtre de soi-même un péché très odieux, cependant il travaille sans cesse à crucifier sa chair et à faire mourir ses membres [29] ; il comparaît avec confiance devant le trône de Dieu, et sa confiance n'est point affaiblie en se rappelant en même temps les outrages qu'il a faits à Dieu.

20º Le monde le regarde quelquefois comme un saint, quand Dieu ne voit en lui qu'un pécheur, et, au contraire, le monde le regarde quelquefois comme un pécheur, lorsque Dieu le reconnaît pour un saint.

21° Son avocat et sa caution doit être son juge : la partie mortelle de lui-même deviendra immortelle : ce qui avait été semé dans l'ignominie et la corruption se lèvera glorieux et incorruptible ; enfin, une créature finie possédera un bonheur infini. Gloire à Dieu.

(The Characters of a believing christian, in Paradoxes and seeming contradictions.)

PRIÈRE COMPOSÉE PAR BACON [30].

Ô Dieu, mon très aimable Seigneur ! Ô vous, qui, dès mon enfance, avez été pour moi le père le plus tendre ! Ô mon Créateur, mon Sauveur, mon consolateur ! Vous sondez, ô Seigneur, les profondeurs des cœurs, et vous en pénétrez tous les secrets ; vous connaissez la droiture des uns et l'hypocrisie des autres ; vous pesez dans la balance les pensées et les actions des hommes ; vous mesurez au cordeau leurs intentions ; la vanité de leurs motifs et l'obliquité de leurs voies ne peuvent échapper à vos regards !

Ô Seigneur ! rappelez-vous de quelle manière votre serviteur a marché devant vous ; rappelez-vous quel a été le premier objet de mes recherches, et le principal but dans toutes mes intentions. J'ai constamment aimé vos assemblées ; j'ai gémi sur les divisions de votre Église ; la beauté de votre sanctuaire a fait mes délices : je vous ai sans cesse demandé dans mes prières que cette vigne que votre main droite a plantée au milieu de nous reçût toujours la rosée du matin et du soir, et pût étendre ses branches jusqu'aux fleuves et jusqu'aux mers [31]. L'état malheureux de l'opprimé et les besoins du pauvre m'ont toujours vivement affecté ; l'inhumanité, la dureté n'ont jamais habité dans mon cœur. J'ai procuré le bien de tous les hommes sans aucune distinction de pauvres et de riches ; si quelques-uns d'eux m'ont traité en ennemi, je ne m'en suis point souvenu, et le soleil ne s'est presque jamais couché sur le déplaisir que m'aurait donné leur conduite ; semblable à une colombe, j'ai toujours été sans malice : vos créatures ont été mes livres ordinaires, mais vos Écritures l'ont été bien davantage ; je vous ai cherché dans les cours, dans les jardins et dans les champs, et je vous ai trouvé dans vos temples.

J'ai péché mille fois ; dix mille fois j'ai transgressé votre loi ; cependant votre grâce ne m'a jamais abandonné ; par le secours de cette grâce, mon cœur, comme le feu sacré, n'a pas cessé de brûler sur votre autel.

Ô Seigneur ! ô vous qui êtes mon protecteur et ma force dès ma plus tendre jeunesse, vous avez toujours été près de ma personne dans toutes mes voies : et votre compassion paternelle, vos châtiments toujours mêlés de consolations, mille et mille traits de la providence la plus attentive, ne m'ont jamais permis de douter de votre présence. Vos faveurs ont été pour moi bien abondantes ; mais vos corrections ne l'ont pas été moins. Ainsi, ô mon Dieu, vous vous êtes sans cesse occupé de moi ; chaque faveur que je recevais du monde était pour moi l'annonce d'un trait, dont vous deviez bientôt percer mon cœur : plus je montais aux yeux des hommes, plus je descendais et j'étais humilié à vos yeux. Aujourd'hui que je m'occupais plus que jamais d'assurer ma tranquillité et de m'élever aux honneurs, votre main s'est appesantie sur moi ; et, toujours dirigée par cette sage tendresse que vous m'avez témoignée dès les premiers instants de ma vie, elle m'a humilié en me retenant encore dans votre école paternelle, en m'y traitant comme un enfant légitime qu'on corrige parce qu'on l'aime.

Je reconnais et j'adore la justice de vos jugements rigoureux sur moi, jugements qu'ont provoqués mes péchés plus nombreux que le sable de la mer, et pourtant incomparablement moins nombreux que vos miséricordes. Qu'est-ce effectivement que les sables de la mer ? qu'est-ce que la terre et les cieux, comparés à votre miséricorde infinie ? Mais outre mes innombrables péchés, je confesse devant vous que je suis comptable à votre justice des talents que vous avez bien voulu me confier. Je ne les ai point, il est vrai, cachés, à l'exemple du serviteur paresseux de l'Évangile ; mais je ne les ai point fait valoir aussi avantageusement que je pouvais et devais le faire : je les ai même dépensés en choses qui me convenaient le moins ; en sorte que je peux dire avec vérité : *Mon âme a été pour moi une étrangère dans le cours de mon pèlerinage* [32]. Ô Seigneur, ayez pitié de moi pour l'amour de votre Fils mon Sauveur ; recevez-moi dès à présent dans votre sein, ou, si vous prolongez mon pèlerinage sur la terre, daignez m'accompagner et me diriger dans toutes vos voies.

(A Prayer or psalm made by the lord Bacon.)

AUTRE PRIÈRE COMPOSÉE PAR BACON ET SA PRIÈRE ORDINAIRE.

Ô Dieu éternel, notre très miséricordieux Père en *Jésus-Christ*, daignez aujourd'hui et toujours accueillir favorablement les paroles de nos bouches et les sentiments de nos cœurs ; puissent-ils être toujours agréables à vos yeux ! Nous vous en conjurons, ô Seigneur, notre Dieu, notre protecteur, notre Sauveur.

Ô encore une fois, Dieu éternel et notre très miséricordieux Père en Jésus-Christ, dans lequel vous avez fait un pacte de grâce et de miséricorde avec tous ceux qui, par lui, viendraient à vous ; c'est en son nom et en implorant sa médiation que nous nous prosternons humblement devant le trône de votre miséricorde. Nous confessons que, par la violation de vos saintes lois et de vos saints commandements, nous ne sommes plus que des branches d'olivier sauvage [33]. Nous sommes devenus étrangers à votre *pacte de grâce*. Nous avons effacé votre image sacrée, cette image qu'en nous créant vous aviez daigné graver au-dedans de nous-mêmes. Nous avons péché contre le ciel et devant vous, et nous ne sommes plus dignes d'être de vos enfants [34]. Nous vous demandons seulement d'être admis au rang de vos mercenaires.

Ô Seigneur, vous nous avez formés dans le sein de nos mères. Votre providence a sans cesse veillé sur nous et nous a conservés jusqu'à ce moment. N'arrêtez pas le cours de vos miséricordes et de vos bontés sur nous. Ô Seigneur, ayez pitié de nous, pour l'amour de Jésus-Christ votre Fils bien-aimé, qui est *la voie, la vérité et la vie* [35]. C'est en lui que nous appelons de votre justice à votre miséricorde. C'est en son nom et pour son amour que nous osons vous adresser nos supplications, et vous dire : Pardonnez-nous généreusement et remettez-nous tous les péchés et toutes les offenses que nous avons osé commettre en pensées, en paroles, en actions, contre votre divine Majesté. Délivrez-nous pleinement des dettes, des souillures, des châtiments et des chaînes de tous nos péchés. Revêtez-nous de la justice parfaite de votre Fils. Nous vous en conjurons par sa précieuse mort et par sa parfaite obéissance.

Votre crainte même, ô Seigneur, est l'effet de votre miséricorde. Cette miséricorde fait disparaître et anéantit tous nos péchés ; elle donne la paix à nos âmes et à nos consciences, elle nous rend heureux par la pleine rémission de toutes nos offenses et vous réconcilie avec vos pauvres serviteurs, par Jésus-Christ, le cher objet de vos complaisances. Ne souffrez pas, ô mon Dieu, que l'ouvrage de vos propres mains périsse. Vous ne voulez pas la mort des pécheurs, mais qu'ils se convertissent [36].

Réformez donc nos cœurs, et nous serons réformés. Convertissez-nous, et nous serons convertis [37]. Faites briller aux yeux de notre esprit et de notre entendement la céleste lumière de votre Esprit-Saint. Qu'à la faveur de cette lumière nous croissions chaque jour dans la connaissance du mystère de notre rédemption opéré par Notre-Seigneur Jésus-Christ, notre aimable Sauveur. Que la grâce du même Esprit-Saint, cette source très sainte de tous dons et de toutes grâces, sanctifie nos volontés et nos affections ; qu'elle les rende parfaitement conformes à vos saintes volontés dans l'accomplissement de tous les devoirs de piété à votre égard, et de charité envers les hommes. Enflammez nos cœurs de votre amour, bannissez-en ce qui vous déplaît, et ce qui blesse la fidélité qui vous est due, l'endurcissement, l'impiété, l'hypocrisie, le mépris de votre divine parole et de vos lois, en un mot, tout ce qui les souille et tout ce qui est en opposition avec votre sainte volonté. Faites que désormais, par votre grâce, nous ayons le courage et la force de mener une vie divine, une vie sainte, tempérante et chrétienne, en toute droiture et sincérité de cœur devant vous. Dans cette vue, imprimez votre crainte sacrée dans nos cœurs : faites que cette crainte soit toujours devant nos yeux, et qu'elle guide continuellement nos pieds dans les sentiers de votre justice et dans la voie de vos commandements.

Augmentez et affermissez en nous la foi. Faites que, dans la suite, elle porte chaque jour les véritables fruits d'un sincère repentir : que, par les mérites de la mort de notre seigneur et sauveur Jésus-Christ, nous mourions tous les jours au péché, et que, par la grâce de sa résurrection, nous ressuscitions et nous vivions d'une vie nouvelle. Faites que notre régénération soit véritable, et que nous participions réellement à la résurrection première, afin que *la seconde mort n'ait point d'empire sur nous* [38].

Enseignez-nous, Seigneur, à compter nos journées, et à les employer de manière que nous ayons toujours le temps et la faculté d'entretenir nos cœurs dans la connaissance et dans l'amour de la sagesse. Ne permettez pas que nous perdions jamais de vue notre dernière fin : que votre grâce, dont vous avez bien voulu nous donner la connaissance, ne soit pas en nous une grâce oisive ; qu'elle opère continuellement dans nos cœurs afin qu'au sortir de cette vie nous soyons transportés dans le royaume de gloire que vous avez préparé pour ceux qui vous aiment et qui mettent toute leur confiance en vous. Ô Seigneur, ordonnez à vos saints anges qu'aujourd'hui, et perpétuellement, ils aient leurs tentes dressées autour de nous, pour nous protéger contre la malice de Satan, et nous garantir de tous les périls auxquels notre âme et notre corps sont exposés sans cesse. Pardonnez-nous, Seigneur, toutes nos ingratitudes ; rendez-nous chaque jour plus reconnaissants de tant de grâces et de bienfaits que chaque jour vous vous plaisez à répandre sur nous : que nos humbles prières montent jusqu'à votre trône : qu'elles obtiennent de votre bonté, non seulement les grâces que nous vous demandons, mais encore toutes celles que vous savez, dans votre sagesse, nous être nécessaires. Exaucez aussi les vœux que nous vous adressons pour tous ceux qui sont dans la peine, dans la misère et dans la détresse, pour tous ceux enfin que vous avez jugé à propos de frapper, soit dans l'âme, soit dans le corps. Accordez-leur la patience et la persévérance jusqu'à la fin ; nous vous en conjurons,

Seigneur, non par la considération d'aucuns mérites de notre part,
mais par les mérites de votre Fils et notre unique Sauveur Jésus-
Christ, auquel avec vous et le Saint-Esprit soit rendue toute
gloire. Ainsi soit-il.

(A Prayer made and used by the lord Bacon.)

PRIÈRE QUE BACON ADRESSAIT À DIEU AVANT SON ÉTUDE.

Ô Père, qui avez commencé toutes vos œuvres par la création
de la lumière visible, et qui les avez toutes terminées par la
création de la lumière intellectuelle, création qui eut lieu quand
vous soufflâtes sur la face de l'homme, ce chef-d'œuvre de vos
mains, daignez diriger et protéger cet ouvrage, qui, ayant eu votre
bonté pour principe, doit avoir votre gloire pour fin.

Lorsque vous vous retournâtes pour contempler les œuvres que
venaient de produire vos mains, vous vîtes qu'elles étaient
parfaitement bonnes, et vous entrâtes dans votre repos ; mais
lorsque l'homme a voulu se retourner pour considérer ses propres
œuvres, il a vu que toutes étaient *vanité et affliction d'esprit* [39], et
il n'est entré dans aucun repos ; voilà pourquoi j'ose espérer que, si
je fais mon étude constante, ainsi que je me le propose, de la
considération de vos œuvres, vous voudrez bien me faire entrer en
participation du plaisir que vous donna leur contemplation, et du
repos que vous goûtâtes ensuite. Je vous supplie, ô Père, de
maintenir en moi cette bonne volonté, et par mes mains, ainsi que
par les mains de ceux à qui vous inspirerez une volonté semblable,
d'enrichir la famille des hommes de nouvelles lumières et de
nouveaux secours [40].

(Novum Organum, distrib. operis, ou The student's prayer.)

PRIÈRE QUE BACON ADRESSE ENCORE À DIEU EN TRAVAILLANT AU *NOVUM ORGANUM.*

Nous adressons à Dieu le Père, à Dieu le Fils, et à Dieu le Saint-Esprit, les prières les plus humbles et les plus ardentes, pour que, daignant prendre en considération les misères du genre humain, et le triste pèlerinage de cette vie mortelle, où nous coulons des jours en si petit nombre, et traversés encore de tant de maux, il veuille bien se servir de nos mains pour répandre sur les hommes de nouveaux secours et de nouveaux bienfaits. Nous le supplions encore de ne pas permettre que les nouvelles connaissances humaines que nous procurerons préjudicient aux connaissances divines, et qu'en aplanissant les routes des sens, en donnant plus d'amplitude et plus d'éclat au flambeau de la lumière naturelle, nous aboutissions à répandre des incertitudes et des obscurités sur les divins mystères ; mais qu'il arrive plutôt que notre esprit n'étant plus le jouet de l'illusion et de la vanité, et continuant d'être parfaitement soumis aux oracles célestes, nous rendions pleinement à la foi l'obéissance et les hommages qui lui sont dus. Enfin nous lui demandons humblement la force de rejeter hors de notre âme le venin de la science dont le serpent l'a infectée dès l'origine du monde, afin que, toujours modestes dans nos sentiments, et sobres dans notre sagesse, nous n'ayons jamais dans la recherche et l'étude de la vérité que la charité pour principe.

(Novum Organum. prœf, ou *The writer's prayer.)*

EXTRAIT DU TESTAMENT DE BACON [41].

1° Je lègue à Dieu et je dépose entre ses mains mon âme et mon corps ; je le conjure par les mérites de la bienheureuse passion de mon Sauveur de se souvenir de mon âme au jour de mon trépas, et de mon corps au jour de la résurrection.

Je choisis ma sépulture dans l'église Saint-Michel près Saint-Alban. Mon choix est fondé sur ce que cette église possède déjà les dépouilles mortelles de ma mère, qu'elle est l'église paroissiale de la maison que j'habite à Gorhambury, et de plus la seule église chrétienne dans l'enceinte du vieux Verulam.

Je désirerais que les frais de mes funérailles ne montassent au plus qu'à la somme de trois cents livres.

Je laisse et j'abandonne mon nom et ma mémoire aux discours des hommes charitables, aux nations étrangères et aux générations suivantes.

Je donne et lègue aux pauvres des différentes paroisses où j'ai passé une partie du temps de mon pèlerinage sur la terre, quelques aumônes que la modicité de ma fortune ne me permet pas de faire plus abondantes : aux pauvres de Saint-Martin-des-Champs, où je suis né, et où j'ai vécu pendant les premiers et les derniers jours de ma vie, quarante livres (sterling) : aux pauvres de la paroisse de Saint-Michel, près Saint-Alban, où j'ai choisi ma sépulture, la même somme, et dix livres en sus, parce que *le jour de la mort vaut mieux que celui de la naissance* [42] : aux pauvres de la paroisse d'Hemstead, où j'ai entendu les sermons et assisté aux prières publiques, qui me donnèrent bien de la consolation pendant les ravages de la première grande peste, vingt livres. Je prie M. Shut de se charger du discours au jour de mes obsèques, et, par cette considération, je lui lègue vingt livres.

Je donne à mon digne ami le très honorable marquis d'Effiat, dernier ambassadeur de France, mes livres de prières et de psaumes que j'ai traduits en vers avec beaucoup de soin.

Je prie très humblement M. le duc de Buckingham de recommander au roi, mon très gracieux souverain [43], la mémoire de mes longs, continuels et fidèles services, et de l'assurer que, puisqu'il n'a pas cessé d'être mon protecteur, avant même qu'il montât sur le trône, je ne laisserai pas aussi, quoique je n'aie plus, grâce à Dieu, qu'un pied sur la terre, de prier Dieu pour lui ; je le prierai encore au dernier moment de ma vie.

(The last Will of sir Francis Bacon.)

FONDEMENT DES GOUVERNEMENTS.

La religion, la justice, le conseil, les finances, sont les quatre colonnes sur lesquelles reposent tous les gouvernements. Renversez ou ébranlez l'une de ces colonnes, tout tombe dans le trouble et dans la confusion ; c'est alors surtout qu'il faut recourir à Dieu et le conjurer de rétablir le calme.

(Fid. Serm., cap. XV.)

PERSONNAGES DE L'ANCIEN ET DU NOUVEAU TESTAMENT QUI ONT VÉCU LONGTEMPS, ET LEUR CARACTÈRE.

L'Écriture sainte nous apprend que les hommes avant le déluge ont vécu plusieurs centaines d'années ; aucun d'eux cependant n'a vécu au delà de mille ans : cette longueur de vie n'était pas l'effet d'une grâce particulière ou une prérogative de *la ligne sainte*, car on compte dans cette ligne onze générations avant le déluge, tandis que dans la ligne des descendants d'Adam par Caïn, on n'en compte que huit ; ce qui peut faire conjecturer que les descendants de Caïn ont vécu plus longtemps que les descendants de Seth. Cette longue vie diminua de moitié immédiatement après le déluge, mais dans les hommes seulement qui naquirent après cette grande catastrophe ; car Noé, qui était né auparavant, a vécu aussi longtemps que ses ancêtres, et Sem est mort à l'âge de six cents ans ; enfin, trois générations après le déluge, la vie des hommes fut réduite à peu près au quart de ce qu'elle était auparavant, c'est-à-dire à environ deux cents ans. Abraham a vécu cent soixante-quinze ans ; personnage véritablement magnanime et dont toutes les entreprises furent toujours couronnées par le succès. Son fils Isaac parvint jusqu'à l'âge de cent quatre-vingts ans ; la chasteté et le goût pour la vie tranquille forment ce qu'il y a de plus remarquable dans son caractère. Jacob, après avoir essuyé beaucoup de traverses et donné au monde un grand nombre d'enfants, poussa sa carrière jusqu'à cent quarante-sept ans. La patience, la douceur, la prudence, sont les vertus qu'il fit plus particulièrement éclater. Ismaël, son frère, homme de guerre, vécut cent trente-sept ans. Sara, la seule femme dont l'Écriture sainte ait bien voulu nous apprendre les années, est morte âgée de cent vingt-sept ans ; femme qui réunit la beauté du corps à la grandeur du courage, très bonne mère, très bonne épouse, et qui sut concilier à l'égard de son mari une grande liberté avec une parfaite obéissance. Joseph, personnage vraiment mémorable par sa prudence et son habileté dans le gouvernement, malheureux pendant sa jeunesse et très heureux dans le reste de sa vie, a vécu cent dix ans ; mais Lévi, son frère aîné, connu dans l'Écriture sainte par son extrême sensibilité aux injures et son ardeur pour la vengeance, en a vécu cent trente-sept. Le fils et le petit-fils de Lévi, père d'Aaron et de Moïse, sont parvenus au même âge que leur père. Moïse a vécu cent vingt ans. Ce grand homme ne parlait pas facilement, et, quoiqu'il ait eu une fermeté inébranlable, il n'en a pas moins été le plus doux de tous les hommes. Moïse nous apprend dans son psaume que la vie, pour le commun des hommes, était fixée à soixante et dix ans, et à quatre-vingts ans pour les plus robustes : ce qui est encore aujourd'hui à peu près la mesure de la vie humaine [44]. Aaron, plus âgé de trois ans, mourut la même année que son frère ; il avait plus de facilité à parler et plus de complaisance que Moïse, mais il n'avait pas sa fermeté. Phinéès, fils d'Aaron, peut-être par une grâce particulière et extraordinaire, a vécu jusqu'à trois cents ans, du moins dans la supposition que l'historien sacré ait rapporté suivant l'ordre des temps l'expédition des Israélites contre la tribu de Benjamin, expédition au sujet de laquelle il est dit que Phinéès fut consulté. Un zèle extraordinaire a rendu la mémoire de Phinéès à jamais célèbre. Josué, homme de guerre, grand et toujours heureux capitaine, a vécu jusqu'à cent dix ans. Caleb, qui était son contemporain, a vécu aussi longtemps que lui. Aod, l'un des juges d'Israël, avait au moins cent ans quand il mourut, puisqu'il est dit qu'après la victoire qu'il remporta sur les Moabites, la Terre-Sainte, pendant quatre-vingts ans, jouit d'une paix constante sous son gouvernement. Ce fut un homme hardi, courageux, et qui s'était en quelque sorte dévoué pour le salut de son peuple. Job, après avoir été rétabli dans son premier état de félicité, a vécu cent quarante ans ; mais avant l'épreuve que Dieu fit de sa patience il devait être déjà fort avancé en âge, puisqu'il avait alors plusieurs enfants parvenus à l'âge de virilité. Job fut un personnage savant dans l'art de gouverner, éloquent, bienfaisant, et surtout un grand exemple de patience. Le grand prêtre Héli avait, quand il mourut, quatre-vingt-dix-huit ans. Ce fut un personnage d'un caractère paisible, mais trop indulgent pour ses enfants. Le prophète Élisée semble être mort âgé de près de cent ans, puisqu'il a vécu soixante ans après l'enlèvement d'Élie, et qu'au temps de cet enlèvement il était déjà assez âgé pour que ses enfants pussent le railler sur sa tête chauve ; Élisée fut un homme d'un grand caractère, sévère dans sa conduite, austère dans sa manière de vivre, et comptant pour rien les richesses. Le prophète Isaïe ne doit avoir vécu guère moins d'une centaine d'années, puisqu'il a rempli pendant soixante et dix ans l'office de prophète. On ignore l'année où il commença de prophétiser, ainsi que l'année de sa mort. Son éloquence est vraiment admirable, et l'on peut dire de plus avec vérité qu'il a été *un prophète évangéliste*, tant il est plein de promesses faites par Dieu à la nouvelle alliance. Le vieux Tobie et le jeune Tobie ont vécu, le premier cent cinquante-huit ans, et le second cent vingt-sept, l'un et l'autre à jamais recommandables par la sensibilité aux malheurs de leurs frères et l'empressement à soulager leur pauvreté. Il paraît même qu'au temps de la captivité, parmi les Juifs qui revinrent de Babylone, plusieurs devaient être très âgés, puisqu'ils avaient vu l'ancien temple, qui ne subsistait plus depuis soixante ans, et que, frappés de la différence qu'ils voyaient entre le nouveau temple et l'ancien, incomparablement plus magnifique, ils ne pouvaient retenir leurs sanglots et leurs larmes.

Un grand nombre de siècles après, à l'époque où Notre-Seigneur commença son entrée dans le monde, on voit un homme âgé de quatre-vingt-dix ans : c'est Siméon, ce vieillard plein de religion, de désir et d'espérance. Dans le même temps, on voit la prophétesse Anne, qui certainement doit avoir vécu au delà de cent ans, puisqu'il est écrit qu'après avoir passé sept ans avec son mari, elle en a vécu quatre-vingt-quatre dans l'état de viduité : à quoi il faut ajouter les années qui précédèrent son mariage et celles qui suivirent ses prophéties sur le Sauveur. Cette sainte femme consomma toutes ses années dans la prière et dans le jeûne.

Tous les exemples précédents nous ont été fournis par la sainte Écriture : l'histoire ecclésiastique va nous fournir ceux qui suivent.

Saint Jean, l'apôtre du Sauveur et son disciple bien-aimé, a vécu quatre-vingt-seize ans ; personnage parfaitement bien désigné sous l'emblème de l'aigle, ne respirant rien que de divin, et par la ferveur de sa charité digne d'être nommé le *Séraphin* des apôtres. L'évangéliste saint Luc, remarquable par son éloquence et ses longs voyages, compagnon inséparable de saint Paul, a vécu quatre-vingt-quatre ans. Siméon Cléophas, appelé *le frère du Seigneur*, évêque de Jérusalem, a vécu cent vingt ans, et sans le martyre qui couronna sa vie, il l'aurait peut-être prolongée bien au delà ; personnage plein de courage, de fermeté et de bonnes œuvres. Polycarpe, disciple des apôtres, évêque de Smyrne, paraît avoir prolongé sa vie au delà de cent ans, et encore a-t-elle été abrégée, comme celle de Siméon, par le martyre. Son histoire prouve que c'était un évêque d'un esprit élevé, d'une patience héroïque et d'un travail infatigable. Denis l'Aréopagite, contemporain de saint Paul, paraît n'être mort qu'à l'âge de quatre-vingt-dix ans. Sa sublime théologie lui a fait donner le nom d'*oiseau du ciel* ; mais il n'est pas moins illustre par ses actions que par ses écrits. Aquila et Priscilla, d'abord les hôtes de saint Paul et ensuite ses coadjuteurs, ont vécu au moins cent ans dans les nœuds d'un mariage également heureux et célèbre ; couple illustre, uniquement occupé d'œuvres de charité en tout genre, et qui, aux très grandes consolations qui sans doute alors étaient le partage de tous les fondateurs des églises, joignit la grande consolation d'une union aussi sainte que longue. Saint Paul, premier ermite, a vécu cent treize ans ; sa demeure était une caverne, et il y vivait dans un dénuement et une abstinence si prodigieuse, qu'on conçoit difficilement comment il a pu, sans miracle, soutenir et prolonger sa vie. Il donnait les jours et les nuits à la contemplation et à la prière ; loin d'être un idiot ou un ignorant, comme on serait peut-être tenté de le croire, il paraît que dans sa jeunesse il avait fait d'excellentes études. Saint Antoine, premier instituteur de l'ordre cénobitique, parvint à l'âge de cent cinq ans. Entièrement absorbé dans la contemplation, il ne fut cependant pas toujours inutile au monde, et quoique rien ne fût plus dur et plus austère que son genre de vie, la gloire l'accompagna dans sa solitude ; non seulement des troupes nombreuses de moines tenaient à honneur de vivre sous son obéissance, mais encore il était fréquemment visité par un grand nombre d'hommes du monde, et même de philosophes païens, qui le révéraient comme un simulacre vivant de sainteté et lui témoignaient un respect qui semblait aller jusqu'à l'adoration. Saint Athanase est mort plus qu'octogénaire ; personnage d'une fermeté invincible, toujours au-dessus de la renommée, qui ne plia jamais sous les coups de la fortune. Si l'on en croit plusieurs auteurs, saint Jérôme a vécu plus de quatre-vingt-dix ans ; écrivain habile et d'une éloquence mâle, savant dans les langues et la littérature profane aussi bien que dans la littérature sacrée, qui avait entrepris de fréquents et pénibles voyages uniquement dans le dessein d'augmenter ses connaissances. Vers les dernières années de sa vie, il embrassa un genre de vie plus austère ; mais dans la solitude à laquelle il s'était condamné, il montra toujours beaucoup d'élévation et de fermeté dans le caractère, et du fond de la grotte de Bethléem il jetait un grand éclat dans le monde.

On compte environ deux cent quarante et un papes : dans un si grand nombre, on n'en trouve que cinq qui aient été jusqu'à quatre-vingts ans ou au delà. Il est vrai que, dans les premiers siècles de l'Église, il en est un très grand nombre qui ont été enlevés de ce monde par le martyre, et que quelques-uns d'eux, sans cette mort anticipée, auraient peut-être atteint l'âge de quatre-vingts ans. Le premier des cinq papes est Jean XXII ; il a vécu quatre-vingt-dix ans accomplis : c'était un pontife d'un génie inquiet et ami des innovations ; il fit beaucoup de changements : quelques-uns de ses changements furent avantageux, mais ils ne le furent pas tous. Grégoire XII, créé pape pendant le schisme, et pour ainsi dire dans l'interrègne, mourut à l'âge de quatre-vingt-dix ans. Le peu de durée de son pontificat ne nous permet aucune remarque particulière sur son compte. Paul III a vécu quatre-vingt-un ans. Le sang-froid et la profondeur dans les desseins forment principalement son caractère. Il était savant, même en astronomie, et très soigneux de sa santé, mais, à l'exemple du grand prêtre Héli, il eut trop d'indulgence pour ses parents. Paul IV a vécu quatre-vingt-trois ans. Il était, de son naturel, dur et sévère, haut, impérieux, ardent, parlant bien et avec facilité. Grégoire XIII a vécu aussi quatre-vingt-trois ans. Sa complexion était robuste et son esprit excellent : il était bon dans toute la force du terme, habile dans le gouvernement, modéré, bienfaisant et grand aumônier.

Voilà les noms des personnages dont parle la sainte Écriture et les principaux personnages de l'Église qui ont vécu quatre-vingts ans et au delà. J'ai tracé en peu de mots, et avec vérité, leur caractère ou leur éloge, mais de manière que, suivant ma façon de penser, ce caractère a quelque rapport avec la longueur de la vie, longueur qui dépend beaucoup des mœurs et de la fortune, ou, pour parler plus clairement, des inclinations et de l'état des personnes.

Ce que j'ai voulu faire remarquer, c'est : 1° que les personnes qui ont un tel *caractère* parviennent plus ordinairement à une longue vie ; 2° que celles qui ont un caractère opposé, quoique moins favorablement disposées pour une longue vie, peuvent cependant quelquefois pousser très loin leur carrière.

(Historia vitæ et mortis.)

MANIÈRE DONT LES HABITANTS DE LA NOUVELLE ATLANTIDE ÉTAIENT PARVENUS À LA CONNAISSANCE DU CHRISTIANISME [45].

Trois jours après que nous eûmes débarqués à Bensalem, un homme que nous n'avions pas encore vu vint nous visiter dans la maison que nous occupions. Il portait un turban de couleur blanche, orné d'une croix rouge, et une étole de toile très propre autour du col. En entrant il fit une petite inclination, et il nous dit ensuite : « Par mon emploi, je suis chargé du soin de cette maison, destinée à la réception des étrangers que la Providence nous envoie ; et, par ma vocation, je suis prêtre de Jésus-Christ ; ainsi, je me suis rendu ici pour vous aider en toutes choses, et comme étrangers et comme chrétiens. Je vous annonce que cet État vous accorde encore six semaines de séjour. Si vos affaires demandent un terme plus long, je peux vous l'accorder... Ne vous mettez point en peine de votre dépense, le trésor public fournira à tout... Si vous avez quelque demande particulière à faire au gouvernement, communiquez-la-moi, et croyez que la réponse que je vous ménagerai sera favorable... » Nous lui répliquâmes que nous ne trouvions point de paroles assez fortes pour lui témoigner toute notre gratitude... ; que nous étions si pénétrés des bontés que nous éprouvions chaque jour, qu'il nous semblait avoir en quelque sorte sous les yeux l'image du bonheur dont on jouit dans le ciel, puisque, après avoir été pendant longtemps aux portes de la mort, nous étions enfin parvenus dans un lieu où l'on ne goûtait que des consolations... Nous ajoutâmes que nos langues sécheraient dans nos bouches plutôt que d'oublier jamais ni lui ni sa nation dans nos prières... Nous le suppliâmes de croire que nous lui étions aussi étroitement dévoués que des mortels peuvent l'être à d'autres mortels ; qu'en cette qualité nous mettions humblement à ses pieds nos personnes et tout ce que nous possédions.

Il nous répondit qu'il était prêtre, et qu'il ne désirait d'autre récompense que celle du prêtre, c'est-à-dire une amitié fraternelle de notre part et le salut de nos âmes, aussi bien que celui de nos corps... Nous lui dîmes : « Puisque nous voici assemblés des extrémités de l'univers, et qu'étant chrétiens les uns et les autres, nous espérons nous réunir dans le ciel, nous souhaiterions savoir comment ce pays, si éloigné et séparé par tant de mers vastes et inconnues de la terre que le Sauveur a habitée pendant sa vie mortelle, s'est converti à la foi, et quel a été son apôtre. » Il fut aisé de juger à l'air de son visage que notre question lui plaisait infiniment : « Vous avez pleinement gagné mon cœur par la première question que vous me faites, nous dit-il ; car elle me fait connaître que vous cherchez avant tout le royaume de Dieu. Je satisferai donc volontiers et en peu de mots à votre demande.

« Environ vingt ans après l'ascension du Seigneur, le peuple de Renfufe, ville maritime située à l'orient de cette contrée, aperçut, pendant une nuit claire et sereine, à mille pas du rivage, une colonne de lumière de figure cylindrique, qui s'élevait de la mer vers le ciel, à une hauteur très considérable, et qui était surmontée d'une grande croix un peu plus brillante que la colonne. Tout le peuple de la ville accourut, comme vous l'imaginez bien, sur le bord de la mer pour contempler cette merveille ; et après avoir demeuré quelque temps dans un étonnement qui le rendait immobile, plusieurs se jetèrent dans des chaloupes pour aller observer de plus près un phénomène si surprenant ; mais à mesure que les chaloupes approchaient de la colonne, à la distance d'environ cinquante toises, elles s'arrêtaient tout d'un coup, sans pouvoir aller plus loin ; elles avaient seulement la liberté de tourner autour de la colonne, mais en gardant toujours cette distance de cinquante toises ; en sorte qu'elles formaient comme un amphithéâtre auquel cette lumière céleste servait de spectacle. Par hasard, un de nos sages, de la *maison de Salomon* (maison ou collège, mes chers frères, qui est véritablement l'œil de ce royaume), se rencontra dans une de ces chaloupes. Après avoir contemplé pendant quelque temps, avec attention et avec piété, la colonne et la croix, il se prosterna la face contre la terre, et ensuite s'étant mis à genoux, il leva les mains au ciel en adressant à Dieu cette prière :

« Ô Dieu, Seigneur du ciel et de la terre, vous avez daigné faire aux hommes de notre collège et de notre société la grâce spéciale de connaître que les êtres qui existent sont les œuvres de vos mains, de pénétrer les secrets qu'ils renferment, et de discerner autant qu'il est permis aux hommes les miracles divins, les œuvres de la nature et les effets de l'art d'avec les illusions du démon et toutes les autres impostures : je reconnais donc et j'atteste, en présence de tout ce peuple, que la merveille que nous avons devant les yeux est l'opération de votre doigt et un miracle véritable ; et comme nos livres nous enseignent que vous ne faites jamais de miracle que pour une fin divine et excellente, parce qu'étant l'auteur des lois de la nature, vous ne vous en écartez jamais que pour des causes très importantes, nous vous supplions en toute humilité de nous rendre ce grand signe favorable, de nous en accorder, par votre miséricorde, l'intelligence, et de le faire servir à notre usage : faveur que vous êtes censé tacitement nous promettre, en nous envoyant ce signe et en l'offrant à nos regards.

« Après qu'il eut ainsi prié, il sentit que sa chaloupe devenait libre et mobile, tandis que les autres demeuraient encore comme enchaînées ; et, prenant cela pour une permission d'approcher, il la fit avancer doucement à la rame vers la colonne, en gardant un profond silence ; mais avant qu'il y fût arrivé, la colonne et la croix disparurent et éclatèrent en une infinité d'étoiles qui s'évanouirent elles-mêmes en peu de temps ; et de tout ce spectacle il ne resta qu'un petit coffre de bois de cèdre, qui n'était point mouillé, quoiqu'il flottât sur l'eau, et, d'où sortait, du côté qui regardait le sage, un petit rameau de palme verdoyant.

« Le sage prit le coffre et le plaça dans sa chaloupe avec beaucoup de respect. Aussitôt après le coffre s'ouvrit de lui-même ; on y trouva un livre avec une lettre enveloppée dans des linges, et écrits l'un et l'autre sur des membranes fort propres. Le livre contenait tous ceux de l'Ancien et du Nouveau Testament comme vous les avez ; car nous savons assez quels sont les livres que vos Églises reçoivent. L'Apocalypse y était comprise aussi bien que les autres parties du Nouveau Testament qui n'étaient pas encore publiées dans ce temps-là ; voici les propres paroles de la lettre :

« Moi, Barthélemy, serviteur du Très-Haut, et apôtre de Jésus-Christ, j'ai été averti par un ange qui m'a apparu dans une vision de gloire, d'abandonner ce coffre aux flots de la mer. Je rends donc témoignage au peuple, vers lequel la providence de Dieu le conduira, et je lui annonce qu'en le recevant, il recevra le salut, la paix et la bonne volonté de la part du Père et du Seigneur Jésus.

« Dieu fit encore, au sujet de ce livre et de cette lettre, un miracle insigne et semblable à celui qu'il opéra en communiquant aux apôtres le don des langues ; car non seulement les habitants du pays, mais aussi les Syriens, les Persans et les Indiens qui étaient alors parmi nous, lurent le livre et la lettre avec la même facilité que s'ils avaient été écrits dans leur langue naturelle. Ainsi, mes frères, cette terre a été préservée de l'infidélité par une arche, comme les restes de l'ancien monde le furent des eaux du déluge ; et c'est ainsi que l'apôtre saint Barthélemy nous annonça l'Évangile d'une manière toute miraculeuse. »

Il finit là son discours, parce qu'un messager vint le demander, et l'on ne dit rien de plus dans cette conférence [46].

(Nova Atlantis, ant. med.)

LA CURIOSITÉ DE PÉNÉTRER LES DIVINS MYSTÈRES PUNIE DANS LA PERSONNE DE PENTHÉE.

La Fable nous apprend que Penthée eut la curiosité de voir les sacrifices qu'on offrait secrètement à Bacchus, et que, dans ce dessein, il monta sur un arbre ; mais qu'en punition de sa curiosité sacrilège il tomba dans un état de démence et de frénésie. Le caractère propre de sa démence était de voir tous les objets doubles ; il voyait deux soleils, deux villes de Thèbes ; lorsqu'il s'empressait de retourner à Thèbes, et qu'il était prêt à rentrer dans cette ville, une autre ville de Thèbes s'offrait à ses regards, et l'engageait à revenir sur ses pas. Toute sa vie se consumait ainsi à marcher en avant, à retourner en arrière, et dans cette alternative interminable de mouvements opposés.

On a voulu, par cette fiction, nous apprendre que les hommes qui, par une audace téméraire, et ne se souvenant pas assez de la condition des mortels, montent sur les plus grandes hauteurs de la nature et de la philosophie (comme sur un arbre très élevé), prétendant découvrir de ces hauteurs les mystères divins, tombent dans un état d'incertitude, d'hésitation et de perplexité qui n'a point de terme. La lumière de la simple nature et la lumière qui émane immédiatement de la Divinité étant différentes l'une de l'autre, ils sont affectés à l'égard de l'une et de l'autre comme s'ils voyaient deux soleils ; et parce que les actions de la vie, ainsi que les déterminations de la volonté, dépendent de l'entendement comme règle et comme principe, il s'ensuit que, de plus, ils ne sont pas moins flottants dans leurs volontés que dans leurs opinions ; qu'ils ont toujours, pour ainsi dire, deux villes de Thèbes sous les yeux ; qu'après avoir cru voir la vérité d'un côté, un moment après elle disparaît et se montre de l'autre, et qu'ainsi ils errent sans cesse, sans pouvoir jamais se fixer.

(De Sapient. veter., par. 10.)

ERREURS SUR LA VOLONTÉ DE DIEU : ERREURS SUR SA PUISSANCE : LES DERNIÈRES PLUS GRAVES QUE LES PREMIÈRES.

Erratis, nescientes Scripturas neque virtutem Dei [47]. Vous êtes dans l'erreur, parce que vous ne connaissez pas les saintes Écritures et la puissance de Dieu.

C'est sur cette sentence que sont fondés tous les canons de l'Église contre les hérétiques. Deux sources de l'erreur ou de l'hérésie, l'ignorance de la volonté de Dieu, et l'ignorance, ou du moins la connaissance trop superficielle de sa puissance. La volonté de Dieu nous est révélée plus particulièrement par les saintes Écritures ; de là l'ordre de l'Apôtre, *consultez, scrutamini*. La puissance de Dieu nous est plus particulièrement révélée par les créatures ; de là la règle, *contemplez, contemplamini*. Il faut tellement soutenir la plénitude de la puissance de Dieu, qu'on ne jette point de louche ni de tache sur sa volonté ; et il faut tellement soutenir la bonté et la volonté en Dieu, qu'on ne limite point sa puissance : ainsi, la véritable religion occupe le milieu entre la superstition et les hérésies superstitieuses d'une part, l'athéisme et les hérésies profanes de l'autre. La superstition refusant de prendre la lumière des Écritures pour guide, et se livrant aux traditions dépravées ou apocryphes, aux nouvelles révélations ou aux fausses interprétations de l'Écriture, invente et rêve sur la volonté de Dieu beaucoup de choses qui sont peu conformes, qui sont même contraires aux témoignages des Écritures ; mais l'athéisme et la théomachie se soulèvent et s'agitent contre la puissance de Dieu. L'athée refuse de croire à la parole de Dieu, qui nous révèle sa volonté, parce qu'il refuse de croire à la puissance de Celui à qui, pourtant, tout est possible ; les hérésies qui proviennent de cette source paraissent donc plus graves que les autres, par la même raison que dans les gouvernements politiques, c'est un plus grand crime de porter des atteintes à la puissance et à la majesté d'un prince, que d'en porter à sa réputation. Mais les hérésies qui attaquent la puissance de Dieu, sans parler du pur athéisme, ont trois degrés de malice plus grands les uns que les autres, et n'ont cependant qu'un seul et même *mystère* (car *tout antichristianisme*, pour parler le langage de l'Apôtre, *opère dans le mystère*, c'est-à-dire sous l'apparence du bien) : ce *mystère*, ou ce prétexte, c'est d'absoudre la volonté de Dieu de toute accusation de malice. Le premier degré appartient à ceux qui admettent deux principes égaux, opposés entre eux et combattant l'un contre l'autre, l'un principe du bien, et l'autre principe du mal. Le deuxième degré est constitué par ceux qui conviennent que ce serait compromettre indignement la majesté de Dieu, que d'admettre un principe positif et actif dont l'essence serait de le combattre ; mais après avoir écarté une erreur aussi injurieuse à Dieu, ils retombent dans une autre qui ne l'est guère moins : puisqu'ils admettent un autre principe également opposé à Dieu, mais négatif seulement et privatif ; car ils prétendent qu'il est de la nature, de la substance, de l'essence de toute matière et de toute créature, de tendre au néant, de retomber par elle-même dans la confusion et dans le néant. Les défenseurs de cette opinion ignorent donc que la même toute-puissance est aussi nécessaire pour faire de quelque chose rien, que pour faire de rien quelque chose. Le troisième degré est rempli par ceux qui bornent et restreignent l'opinion précédente aux actions humaines qui participent du péché : ils prétendent que ces actions dépendent substantiellement, et sans aucun enchaînement de cause, de la volonté intrinsèque et du libre arbitre de l'homme, et conséquemment ils donnent plus d'étendue à la science de Dieu qu'à sa puissance : ou, pour m'expliquer plus correctement (la science de Dieu étant aussi dans la réalité une puissance), ils prétendent que la partie de la puissance de Dieu par laquelle il connaît s'étend à plus d'objets que la partie de la puissance par laquelle il met en mouvement et il exécute ; en sorte qu'il est des actions que Dieu connaît comme futures, dans lesquelles il n'influe point, qu'il ne prédestine et ne prépare point.

On trouverait quelque analogie entre cette opinion ou ce procédé et celui d'Épicure, qui, pour supprimer le destin et lui substituer le hasard, imagina d'introduire dans le système de Démocrite la déclinaison des atomes : imagination qui a été l'objet de la censure et du mépris de tous les hommes sages ; mais je reviens et je dis : les auteurs de cette opinion ne prennent donc pas garde que tout ce qui ne dépend pas de Dieu comme auteur et comme principe, et qui, par différentes chaînes ou degrés, ne remonte pas jusqu'à lui, serait un nouveau principe, indépendant de Dieu, qui tiendrait lieu de Dieu, et serait en quelque sorte Dieu lui-même. Aussi l'opinion dont nous venons de parler est justement rejetée, comme contraire à la puissance et à la dignité de Dieu. On n'en est pas moins parfaitement bien fondé à dire, en propres termes, *que Dieu n'est point l'auteur du mal*, non parce qu'il n'est pas *l'auteur* de l'action mauvaise, mais parce qu'il n'est pas l'auteur de ce qu'elle a de *mauvais* : *non quia non auctor, sed quia non auctor mali.*

(Meditationes sacræ, t. II, p. 400.)

DIFFÉRENCE ENTRE LES VÉRITABLES CHRÉTIENS ET CERTAINS HÉRÉTIQUES ENTHOUSIASTES.

Si nous sommes hors de nous-mêmes, c'est avec Dieu : si nous sommes à nous-mêmes, c'est avec vous. *Sive mente excedimus, Deo : sive sobrii sumus, vobis* [48].

Voilà l'image fidèle, le véritable caractère d'un homme profondément pénétré de la religion, et d'un ouvrier de Dieu digne de ce nom auguste. Sa conversation avec Dieu est pleine de transports, d'ardeurs et d'extases. De là ces gémissements ineffables, ces tressaillements de joie, ces ravissements d'esprit, ces défaillances de l'âme ; mais sa conversation avec les hommes ne respire que la douceur, la modestie, la complaisance ; de là cette déclaration de l'Apôtre et tant d'autres déclarations de cette espèce [49], *je me suis fait tout à tous*. Le contraire arrive aux hypocrites et aux imposteurs ; c'est en présence du peuple et dans les églises que ceux-ci s'enflamment, se transportent et sont tout en désordre, comme s'ils étaient agités d'une fureur divine ; mais prenez la peine de les observer dans la solitude, lorsqu'ils méditent et conversent avec Dieu, loin du spectacle des hommes ; et vous verrez que leurs conversations non seulement sont froides et sans mouvement, mais que leurs procédés ne respirent que malice et que jalousie ; c'est-à-dire, qu'au contraire de ce qui arrivait à saint Paul, ils sont *à eux-mêmes* en présence de Dieu, et *hors d'eux-mêmes* en présence des hommes.

(Medit. sacræ.)

APOLOGIE DE LA SCIENCE CONTRE LE FAUX ZÈLE DE QUELQUES THÉOLOGIENS : RÈGLES QU'ON DOIT Y OBSERVER : ELLE NE CONDUIT POINT À L'ATHÉISME.

Dans la guerre que l'ignorance a déclarée aux lettres, elle a souvent été secondée par le faux zèle des théologiens et le mépris dédaigneux des politiques. J'entends les premiers soutenir que la science est une de ces choses qu'on ne doit jamais prendre qu'en petite quantité et avec prudence : qu'un désir immodéré de la science a été le premier péché et l'origine de la chute de l'homme ; qu'encore aujourd'hui il y a je ne sais quoi qui tient du serpent dans la science, puisque, dans les esprits où elle habite, elle produit l'enflure : *la science enfle, scientia inflat* [50] ; que Salomon nous assure qu'il n'y a point de *fin à multiplier les livres*, et qu'une lecture *assidue afflige et use le corps* [51] ; et ailleurs : *qu'une grande sagesse donne lieu à une grande indignation, et que plus on augmente sa science, plus on augmente ses douleurs* [52] ; que saint Paul nous avertit de ne point nous laisser tromper par une *fausse et vaine philosophie* [53] ; que l'expérience nous apprend que les hérésiarques ont été communément des hommes très habiles ; que les siècles les plus savants ont penché vers l'athéisme ; enfin, que la contemplation des causes secondes voile à nos yeux la cause première.

Pour montrer combien cette imputation est fausse et mal fondée, j'observe, et il est évident, que ces détracteurs ne voient pas que la science qui a donné occasion à la chute d'Adam n'est point cette pure et primitive science naturelle qui servit au premier homme pour donner aux animaux que Dieu lui conduisit dans le paradis des noms fondés sur leur nature, mais cette science orgueilleuse *du bien et du mal*, à la faveur de laquelle il prétendait se rendre indépendant de Dieu et se donner la loi à lui-même. Certainement aucune science, quelque vaste qu'on la suppose, ne peut produire l'enflure de notre âme, puisque, excepté Dieu et la contemplation de Dieu, rien n'est capable de la remplir et à plus forte raison de l'enfler ; aussi Salomon, parlant des deux sens de l'homme qui sont les principaux instruments de nos découvertes, la vue et l'ouïe, assure que *l'œil ne peut pas se rassasier de voir, ni l'oreille d'entendre* [54]. Si donc toutes les choses qui sont l'objet de ces deux sens ne peuvent les remplir, ils sont donc plus vastes qu'elles. Salomon parle dans le même sens de la science et de l'esprit de l'homme, dont les sens sont comme les émissaires ; voici, en effet, comme il termine, dans l'Ecclésiaste, cette espèce de calendrier et d'éphéméride où il décrit les temps de toutes choses : *Dieu*, dit-il, *a fait toutes choses, et il a fait chacune dans son temps ; mais il a livré le monde aux recherches des hommes sans qu'ils puissent connaître les ouvrages qu'il fait depuis le commencement jusqu'à la fin* [55]. Salomon, par ces paroles, donne assez à entendre que Dieu a fait l'esprit humain semblable à un miroir capable de représenter tout le monde, et aussi avide de connaissance que l'œil l'est de lumière ; que cet esprit, non seulement s'empresse et prend plaisir à contempler les évènements divers et les révolutions qui remplissent les siècles, mais qu'il voudrait encore découvrir les lois inviolables et pénétrer les immuables décrets de la nature ; et quoique Salomon paraisse insinuer que le grand secret de la nature, qu'il appelle *l'œuvre que Dieu opère depuis le commencement jusqu'à la fin* [56], se dérobera à toutes les recherches de l'homme, il ne s'ensuit pas de là qu'au jugement de ce prince, le succès de ces recherches soit au-dessus de la capacité intrinsèque de l'homme ; mais l'impossibilité de la découverte doit avoir pour cause les obstacles à son instruction que rencontre l'homme dans le cours de ses recherches, tels que sont la brièveté de la vie, le défaut d'ordre et d'ensemble dans les études, la mauvaise et perfide méthode d'enseigner les sciences, et tant d'autres obstacles qui sont une suite de la condition humaine : Salomon n'enseigne-t-il pas assez clairement ailleurs qu'il n'y a aucune partie dans l'univers qui soit étrangère et impénétrable aux recherches de l'homme, lorsqu'il nous dit que *l'esprit est comme le flambeau de Dieu, qui fait pénétrer la lumière dans les lieux les plus cachés* ; or, si la capacité de l'esprit humain est si vaste, il est manifeste qu'il n'est point à craindre que la *quantité* de la science puisse jamais produire l'enflure ou quelque autre désordre ; cela n'est à craindre que de la *qualité* de la science, qui, en quelque petite quantité qu'on la suppose, si on la prend sans antidote, porte avec elle je ne sais quoi de venimeux et de pernicieux qui remplit l'âme de *flatuosités*. Cet antidote, ou, si l'on veut, cet aromate, qui, mêlé à la science, la tempère et la rend très salutaire, c'est la *charité* ; et c'est ce que l'Apôtre nous fait entendre, lorsque, après avoir dit que la science enfle, il ajoute que la *charité édifie*. Cela s'accorde encore avec ce qu'il enseigne ailleurs : *Si je parlais*, dit-il, *le langage des anges, et que je n'eusse point la charité, je serais comme un airain sonnant ou une cymbale retentissante* [57] ; non que ce ne soit une chose excellente de parler le langage des anges et des hommes ; mais ce langage, s'il n'est pas joint à la charité et si on ne le rapporte pas au bien commun du genre humain, au lieu de produire quelque fruit solide, n'enfantera que de la vaine gloire.

Je reviens à ce que dit Salomon, de l'excès dans la lecture et dans la composition des livres et du tourment d'esprit auquel donne lieu la science, ainsi qu'à cet avertissement que nous donne l'Apôtre : *Ne vous laissez point séduire par une vaine philosophie* ; et je réponds que si l'on veut bien saisir le sens des écrivains sacrés, on verra qu'ils prétendent seulement nous indiquer les conditions qui doivent accompagner la science humaine et les bornes dans lesquelles elle doit être renfermée ; mais qu'ils ne prétendent en aucune manière défendre à l'homme d'embrasser dans ses recherches l'univers tout entier ; et voici les trois conditions qu'ils indiquent.

La première, c'est que nous ne nous laissions pas tellement absorber par le plaisir que donne la science, que nous perdions entièrement de vue la mort qui nous attend ; la seconde, c'est que l'usage que nous ferons de la science aboutisse à faire régner dans notre âme la paix, au lieu d'y produire le trouble ; la troisième, c'est que nous n'imaginions point que par l'étude de la nature nous puissions jamais pénétrer les mystères divins.

Sur la première condition, Salomon, dans le même livre, nous dit très bien : *J'ai reconnu que la sagesse était autant au-dessus de l'imprudence que la lumière est au-dessus des ténèbres ; les yeux du sage sont dans sa tête, l'insensé marche dans les ténèbres ; et néanmoins j'ai reconnu que le sage meurt aussi bien que l'insensé* [58].

Quant à la seconde, il est certain que si la science donne lieu à quelque inquiétude ou à quelque trouble dans notre âme, ce ne peut être que par accident ; car la science en général et l'admiration (qui est comme une semence de la science) sont agréables par elles-mêmes : mais lorsqu'on en tire des conclusions qui, appliquées mal à propos aux affaires qui nous intéressent, excitent en nous des craintes ou des désirs qui vont jusqu'à l'excès, c'est alors que nous éprouvons ces peines et ces troubles d'esprit dont nous parlons ; la science n'est plus alors *une lumière sèche*, pour me servir des termes d'Héraclite, ce philosophe obscur, qui appelait ainsi une âme bien constituée ; mais elle est une *lumière humide et trempée dans les humeurs des passions.*

La troisième règle mérite une discussion plus exacte, et il est important de nous y arrêter un peu plus. Effectivement, si quelqu'un espère tirer de la contemplation des choses matérielles et sensibles assez de lumières pour pouvoir découvrir la nature ou la volonté de Dieu, il est certainement trompé par *une vaine philosophie* ; car la contemplation des créatures, quant aux créatures elles-mêmes, produit bien la science ; mais quant à Dieu, elle ne produit que l'admiration, qui est comme une espèce de science abrupte, *quasi abrupta scientia.* C'est ce qui fait dire très judicieusement aux platoniciens, *que les sens nous font apercevoir le soleil ; mais que ce même soleil qui découvre à nos yeux le globe terrestre, leur dérobe le ciel et les étoiles* ; c'est ainsi que les sens, qui nous découvrent les choses naturelles, nous cachent en même temps les célestes ; et il est arrivé de là que quelques savants sont tombés dans l'hérésie, parce que, portés sur les ailes des sens, et par conséquent sur des ailes de cire, ils ont essayé de voler jusque dans le sein de la Divinité.

Il est des personnages, avons-nous dit, qui osent avancer qu'une trop grande science fait pencher l'esprit vers l'athéisme, et que l'ignorance des causes secondes favorise et fait naître la piété à l'égard de la cause première ; je leur dirai volontiers avec Job : *Dieu a-t-il donc besoin et nous saurait-il gré de notre mensonge* [59] ? Car il est constant qu'ordinairement Dieu n'opère rien dans la nature que par l'action des causes secondes ; et si l'on prétendait persuader le contraire, ce serait vouloir faire servir l'imposture à la gloire de Dieu ; ce serait véritablement immoler à l'auteur de toute vérité l'hostie impure du mensonge ; et il est au contraire très certain et bien confirmé par l'expérience, que si des connaissances légères en philosophie donnent peut-être quelque tendance vers l'athéisme, une connaissance plus profonde ramène à la religion ; et voici comment : lorsqu'on veut pénétrer dans la philosophie, les causes secondes, comme voisines des sens, se présentent d'abord les premières ; si l'on s'y attache et s'y arrête, il est possible que la première cause ne se présente point à l'esprit : mais si quelqu'un va plus avant, et qu'il considère la dépendance, la suite, l'enchaînement de toutes ces causes, ainsi que toutes les œuvres de la Providence, il croira alors facilement, pour parler le langage de la mythologie poétique, que l'anneau le plus élevé de cette chaîne naturelle est attaché au pied du trône de Jupiter.

Pour dire tout en un mot, il n'y a qu'une affectation de modestie et de sobriété dans sa sagesse, bien vaine et bien mal entendue, qui puisse engager à prétendre que nos connaissances dans les livres des Écritures saintes ou des créatures, c'est-à-dire en théologie et en philosophie, peuvent aller trop loin. Non certainement, elles ne peuvent aller trop loin. Que les hommes s'excitent donc et s'encouragent hardiment les uns les autres à augmenter sans cesse la masse de leurs connaissances ; qu'ils prennent garde seulement que leur science serve, non à l'*enflure*, mais à la charité ; non à l'ostentation, mais à l'utilité ; qu'ils aient encore l'attention de ne point mêler imprudemment et de ne point confondre les connaissances que donne la philosophie, et celles que fournit la théologie, connaissances assurément, ainsi que leurs sources, bien distinctes les unes des autres.

(*De Augm. scient.*, lib. I, vers. init.)

LA DIGNITÉ DE LA SCIENCE PROUVÉE PAR L'ÉCRITURE.

Dans le dessein où nous sommes de faire connaître aux ignorants le prix et la dignité de la science, nous commencerons par la considérer dans son archétype ou son exemplaire, c'est-à-dire dans les attributs et les actes de Dieu, en tant qu'ils ont été révélés à l'homme, et qu'ils peuvent être l'objet d'une sage recherche. Nous n'emploierons point ici le mot de *doctrine*, parce que toute doctrine est une science acquise, et en Dieu il n'est aucune connaissance qui puisse porter ce nom, toutes ses connaissances étant éternelles comme lui ; nous nous servirons donc d'un autre nom, et ce sera celui de sagesse, conformément au style de l'Écriture.

Voici donc comment nous procédons : Dans les œuvres de la création, nous voyons une double émanation de la vertu ou force divine, dont l'une se rapporte à la sagesse, et l'autre à la puissance. La première se fait particulièrement remarquer dans la création de la matière, et la seconde dans la beauté de la forme dont la matière fut ensuite revêtue. Cette observation faite, nous disons qu'il n'est rien dans l'histoire de la création qui nous empêche de croire que la matière, ou la masse informe du ciel et de la terre, ait été créée dans un instant, tandis que six jours furent employés à façonner cette matière et à la mettre en ordre ; tant il est vrai que Dieu a voulu établir une différence sensible entre les œuvres de sa puissance et celles de sa sagesse. Ajoutons que, lorsque l'Écriture parle de la création de la matière, elle ne nous apprend pas que Dieu ait dit *que le ciel et la terre se fassent, fiat cœlum et terra* ; manière de parler qu'il emploie pour les œuvres suivantes ; mais elle dit simplement comme un fait : *Dieu créa le ciel et la terre.* Ainsi, pendant que la création de la matière se présente comme l'œuvre pure de la *main,* l'introduction de la forme dans la matière porte le caractère d'une loi ou d'un décret.

Après avoir parlé de Dieu, parlons des anges, que la dignité de leur nature approche davantage de la Divinité. Nous voyons, d'après cette hiérarchie céleste, dont nous avons pour premier garant les écrits publiés sous le nom de Denys l'Aréopagite, que les *séraphins*, c'est-à-dire les anges de l'amour, occupent le premier rang dans les ordres des anges ; que le second rang est occupé par les *chérubins*, qui sont les anges de la lumière ; le troisième et les suivants, par les *trônes*, les *principautés* et les autres anges, caractérisés par la puissance et le ministère ; en sorte qu'il paraît clair, par cet ordre et cette distribution, que les anges de la science et de la lumière sont au-dessus des anges du gouvernement et de la puissance.

En descendant des esprits et des intelligences aux formes sensibles et matérielles, nous lisons dans l'Écriture que la première des formes créées fut la lumière : or la lumière dans les choses naturelles et corporelles correspond à la science dans les choses spirituelles et immatérielles. Si nous considérons les différents jours dans l'histoire de la création, nous voyons encore que le jour où Dieu se reposa et contempla ses œuvres, fut béni préférablement aux autres jours où il avait créé et mis en ordre toutes les parties de l'univers.

L'œuvre de la création étant terminée, l'homme fut placé dans le paradis pour y travailler, ainsi que nous l'apprend l'Écriture sainte ; mais ce travail ne pouvait être que celui qui appartient à la contemplation, c'est-à-dire un travail qui ait pour fin, non une nécessité qu'il faille satisfaire, mais le plaisir et l'exercice d'une activité qui n'entraîne ni peine ni fatigue ; car, puisqu'alors il n'y avait pour l'homme ni résistance de la part des créatures à éprouver, ni *sueur de visage* à supporter, il s'ensuit nécessairement que ses actions avaient pour destination et pour fin seulement le plaisir et la contemplation, et non le travail qui entraîne la fatigue, ainsi que les ouvrages qui résultent de ce travail.

Il y a plus, l'homme a débuté dans le paradis par deux actions, qui ont été l'une et l'autre un début de la science ; il a commencé par contempler les créatures, et ensuite il a donné des noms convenables à chacune d'entre elles. Effectivement, il ne faut point confondre la science naturelle, qui a pour objet les créatures, avec la science qui a occasionné la chute de l'homme, ainsi que nous en avons averti plus haut : celle-ci était la science morale du bien et du mal, fondée sur la supposition que le bien et le mal n'avaient point pour règle et pour principe les ordres ou les défenses de Dieu, mais reconnaissaient une autre origine. C'est ce bien et ce mal dont l'homme a ambitionné la connaissance, sans doute dans le dessein de se soustraire totalement à l'empire de Dieu, et de s'appuyer uniquement sur lui-même et sur son libre arbitre.

Considérons ce qui arriva aussitôt après la chute de l'homme. On sait que l'Écriture sainte renferme une infinité de sens mystérieux, qu'on doit cependant toujours entendre sans préjudice de la vérité des récits historiques et du sens littéral : d'après ce principe, on a toujours vu une image des deux vies, la contemplative et l'active, dans les personnes de Caïn et d'Abel, et dans leurs professions ou leurs premières manières de vivre : Abel, qui était pasteur, à raison du loisir et de la facilité de contempler le ciel que donne la vie pastorale, est le type de la vie contemplative ; Caïn, cultivateur des champs, fatigué en conséquence par les travaux que cette culture exige, et obligé d'avoir le plus souvent les yeux fixés sur la terre, est la figure de la vie active ; or on sait que la faveur et le choix de Dieu tombèrent sur le pasteur, et non pas sur le laboureur.

Ainsi, avant le déluge, les fastes sacrés, qui nous apprennent très peu de chose de ce qui s'est passé dans ces temps-là, ont daigné cependant nous transmettre les noms des inventeurs de la musique et de la métallurgie. Peu de temps après le déluge, le grand châtiment dont Dieu punit l'orgueil humain fut de confondre les langues, et par là de mettre le plus grand obstacle au libre commerce des sciences et à la communication des lettres entre les hommes.

Descendons jusqu'à Moïse, ce grand législateur et ce premier secrétaire de Dieu : les Écritures ne lui donnent-elles pas ce magnifique éloge, *qu'il était habile et savant dans toutes les sciences des Égyptiens* [60] ? Et l'école des Égyptiens n'était-elle pas une des plus anciennes et des plus savantes écoles du monde ? Platon fait dire à Solon, par un prêtre égyptien : *Vous autres Grecs, vous n'êtes toujours que des enfants ; vous n'avez ni la science de l'antiquité, ni l'antiquité de la science.* Parcourons la loi cérémonielle de Moïse : on sait qu'on trouve dans cette loi différentes figures du Christ, la distinction du peuple de Dieu d'avec les Gentils, l'exercice de l'obéissance, et bien d'autres vérités utiles dans l'ordre de la religion ; mais quelques savants rabbins ont travaillé, non sans succès, à découvrir dans les rites et les cérémonies, tantôt une vérité dans l'ordre de la nature, tantôt une autre vérité dans l'ordre des mœurs. Par exemple, quand il est dit de la lèpre : *Si la lèpre paraît comme en fleur, et court çà et là sur la peau, l'homme sera déclaré pur et on ne le renfermera pas ; si, au contraire, la chair vive est mêlée de lèpre, il sera réputé impur, et, en conséquence, séparé par le jugement des prêtres* [61] ; un rabbin tire de cette loi ce principe de médecine, que *les pustules sont plus pestilentielles avant qu'après leur maturité* ; un autre en tire ce principe en morale, *que les hommes entièrement et notoirement corrompus sont moins dangereux pour les mœurs publiques, que ceux qui ne le sont que médiocrement et en partie.* On voit par cet article et d'autres semblables de ta loi cérémonielle, qu'il n'est pas sans apparence, qu'outre les vérités qui appartiennent à la religion, cette loi n'en renferme encore plusieurs autres qui appartiennent à la philosophie.

Si l'on veut encore lire avec attention l'admirable livre de Job, on le trouvera plein et gros, pour ainsi dire, des plus hautes vérités de la philosophie naturelle. Par exemple, sur la cosmographie et la rondeur de la terre, lorsqu'il dit que *Dieu étend l'aquilon sur le vide et suspend la terre sur le néant : qui extendit aquilonem super vacuum et appendit terram super nihilum* [62], n'insinue-t-il pas assez clairement la convexité du ciel dans ses extrémités, l'existence du pôle arctique et la suspension de la terre dans les airs ? Et encore sur l'astronomie et les constellations, quand il dit : *Son esprit a orné les cieux, et l'adresse de sa main a fait paraître le serpent tortueux : Spiritus ejus ornavit cœlos, et obstetricante manu ejus eductus est coluber tortuosus* [63] ? Et ailleurs par ces paroles : *Pouvez-vous joindre ensemble les étoiles brillantes des Pléiades ou détourner l'Ourse de son cours ? Numquid conjungere valebis micantes stellas ? Pleiadas aut gyrum Arcturi poteris dissipare* [64] ? ne peint-il pas très élégamment la configuration immobile des étoiles, toujours également distantes les unes des autres ? En déclarant dans un autre chapitre que c'est Dieu qui a créé les étoiles de l'Ourse, d'Orion, des Hyades et de l'intérieur du midi, *qui facit Arcturum et Oriona et Hyadas et interiora austri* [65] n'indique-t-il pas l'abaissement du pôle antarctique et ne le désigne-t-il pas sous le nom de l'intérieur du midi, parce que les étoiles australes sont cachées sous notre hémisphère ? Ce que Job dit sur la génération des animaux : *An non sicut lac mulsisti me et sicut caseum me coagulasti ? Ne m'avez-vous pas fait d'abord comme un lait qui se caille, comme un lait qui s'épaissit et se durcit* [66] ? est très digne de remarque, ainsi que ce qu'il ajoute sur les minéraux dans le chapitre XXVIII, 1 : *Habet argentum venarum suarum principia, et auro locus est in quo conflatur ; ferrum de terra tollitur, et lapis solutus colore, in æs vertitur : L'argent a un principe de ses veines, et l'or un lieu où il se forme ; le fer se tire de la terre, et la pierre étant fondue par la chaleur se change en airain.* Il faut lire la suite du chapitre [67].

Nous voyons encore dans la personne de Salomon, par la demande que fait ce prince de la sagesse et par le don que Dieu lui en accorde, que la sagesse est préférable à tous les biens qui contribuent à la félicité de l'homme sur la terre. Plein des lumières que lui communiqua la sagesse reçue, Salomon non seulement écrivit sur la philosophie morale et divine ces sentences et ces paraboles admirables qui remplissent le livre des Proverbes, mais encore il composa l'histoire de tout ce qui respire et a du mouvement sur la terre ; l'histoire de tous les végétaux, *depuis le cèdre qui couronne le Liban jusqu'à la mousse qui croît sur les murailles* [68]. Il y a plus, ce roi si grand par ses richesses, par la magnificence des bâtiments qu'il fit construire, par le nombre de ses vaisseaux, par le service de sa maison, par l'étendue de sa renommée, enfin par tout ce qui appartient à la gloire, ne cueille de cette immense moisson et ne s'approprie que l'honneur de chercher et de découvrir la vérité ; car il dit nettement : *La gloire de Dieu est de cacher les choses, et la gloire du roi est de les découvrir* [69]. Comme si la majesté divine se plaisait dans cet innocent et aimable jeu des enfants [70], qui se cachent afin qu'on les trouve ; et comme s'il n'y avait rien de plus honorable pour les rois que de jouer avec Dieu au même jeu ; les rois surtout pouvant disposer dans leurs États de tant d'hommes de génie, et possédant des richesses à la faveur desquelles ils pourraient rechercher et découvrir tous les secrets de la nature.

Dieu ne s'est pas conduit autrement, après que notre Sauveur a paru dans le monde ; car ce divin Maître a fait usage de son pouvoir pour dissiper l'ignorance (ainsi qu'il paraît par les conférences qu'il eut avec les prêtres et les docteurs dans le temple), avant de l'employer à soumettre la nature par tant et de si grands miracles. L'avènement du Saint-Esprit a été encore principalement figuré par la forme de langue et le don des langurs. Or, les langues ont-elles d'autre mérite que d'être *les véhicules des sciences* ?

C'est ainsi que, lorsqu'il fut question d'instruments pour propager l'Évangile, Dieu fit d'abord tomber son choix sur des hommes absolument ignorants et sans lettres, et qui n'eurent d'autres lumières que celles qu'ils reçurent du Saint-Esprit. Dieu voulait par là humilier la sagesse humaine et faire connaître plus évidemment son immédiate et divine influence. Mais aussitôt après qu'il eut rempli ses vues à cet égard, et dans l'âge qui suivit immédiatement les temps apostoliques, il voulut que les sciences profanes servissent comme de *suivantes* à la divine vérité. C'est dans cette vue qu'il s'est servi principalement de la plume de saint Paul, le seul des apôtres qui fût lettré, pour écrire les divines Écritures.

Aussi nous voyons qu'un fort grand nombre des anciens évêques et des Pères de l'Église étaient très savants dans toutes les sciences profanes. Quand l'empereur Julien eut défendu aux chrétiens, par un édit, de fréquenter les écoles publiques, cette défense fut regardée comme un moyen de détruire la religion chrétienne, plus dangereux que les sanglantes persécutions des empereurs précédents. Dans l'inondation des peuples scythes du côté du Nord, et des Sarrasins du côté de l'Orient, tous les précieux restes des sciences profanes n'auraient-ils pas péri totalement et sans ressource sans l'Église chrétienne ? N'est-ce pas elle seule qui les recueillit et les conserva dans son sein ?

Nous avons sous les yeux un exemple récent de ce que peut la science : les jésuites qui, partie par leur propre goût, partie pour ne point laisser cet avantage à leurs adversaires, ont cultivé les lettres avec tant de succès, combien, par là, n'ont-ils pas prêté de force à l'Église romaine ? combien n'ont-ils pas contribué à l'affermir et à réparer ses pertes ?

Enfin, pour terminer cette partie, nous observons qu'outre l'ornement et le lustre que les belles-lettres prêtent à la foi et à la religion, elles leur rendent encore deux services très importants. Le premier, c'est qu'elles nous excitent puissamment à exalter et à célébrer la gloire de Dieu ; il est vrai que le Psalmiste et les autres écrivains sacrés nous invitent souvent à contempler, à publier les magnifiques et admirables œuvres de la Providence ; mais si nous ne pénétrions pas plus avant, si nous nous bornions à considérer leurs apparences extérieures, telles qu'elles se présentent à nos sens, Dieu serait par là faiblement glorifié, et nous lui ferions la même injure que si nous voulions juger de la richesse et de l'abondance d'un grand magasin de pierres précieuses, par ce qui se trouve étalé dans la rue à la vue des passants.

L'autre service, c'est que la philosophie nous fournit, contre l'infidélité et l'hérésie, un puissant remède et un antidote excellent. Notre Sauveur, parlant aux sadducéens, leur disait : *Vous vous trompez, vous ignorez les Écritures et la puissance de Dieu* : *Erratis nescientes Scripturas neque virtutem Dei* [71]. Par là, nous comprenons que, pour nous préserver de tomber dans l'erreur, Notre-Seigneur nous propose la lecture de deux livres : le premier est celui des Écritures, qui nous révèlent la volonté de Dieu ; le second est celui des créatures, qui nous manifestent sa puissance ; or ce dernier livre est comme la clef du premier, non seulement en ce sens qu'il ouvre notre intelligence pour en découvrir le véritable sens, d'après les principes généraux de la raison et les règles du langage, mais encore particulièrement en ce sens qu'il ouvre notre foi, pour nous faire méditer plus sérieusement sur la toute-puissance de Dieu, dont les caractères sont principalement imprimés dans ses ouvrages.

Et voilà ce que nous ont fourni les témoignages et les jugements de Dieu, pour faire connaître la véritable dignité et le prix de la science.

(De Augment. scient., lib. I, post med.)

MÉPRIS DE CE MONDE : FRUIT DE LA SCIENCE.

Un des grands avantages que nous procure la science, c'est de nous faire perdre cette vaine et trop grande admiration des choses, qui est la source de toutes nos faiblesses ; car nous les admirons, ces choses, et elles nous étonnent, ou bien parce qu'elles sont nouvelles, ou bien parce qu'elles sont grandes. Si nous les admirons parce qu'elles sont nouvelles, il n'est point d'homme parfaitement instruit de ce qui s'est passé dans le monde et qui aura travaillé longtemps à en pénétrer les causes, qui ne soit pleinement convaincu de cette vérité : *Il n'arrive rien de nouveau sous le soleil : Nihil sub sole novum* [72] ; et assurément, on n'admirera pas beaucoup le jeu des marionnettes, quand on aura mis la tête derrière la toile, et qu'on aura aperçu les instruments et les cordes qui font mouvoir ces petites machines. Si c'est la grandeur des choses qui excite notre admiration, elle ne l'excitera certainement pas dans l'âme d'un grand savant. Alexandre, dans le cours de la guerre contre les Perses, recevait de temps en temps des lettres de Grèce, où on lui annonçait des expéditions et des combats qui n'avaient eu le plus souvent pour objet que d'emporter un pont, un fort, ou au plus une petite ville. Ce prince, accoutumé aux grands combats et aux grandes victoires dans l'Asie, avait alors coutume de dire qu'il lui semblait recevoir des nouvelles du combat des rats et des grenouilles dont parle Homère.

C'est ainsi qu'aux yeux de l'homme qui aura contemplé longtemps la vaste étendue de l'univers et l'ordre qui règne entre ses parties, la terre ne paraîtra pas plus considérable qu'une fourmilière, et les hommes qui l'habitent (en mettant à part la dignité de leurs âmes) lui sembleront des fourmis, dont les unes portant leurs œufs, les autres chargées de quelques grains, et les autres à vide, courent et s'agitent çà et là autour d'un monceau de poussière.

(*De Augment. scient.*, lib. I, vers. fin.)

HUMILITÉ DE L'ESPRIT AVANTAGEUSE POUR LES DÉCOUVERTES ; ET PRIÈRE ADRESSÉE À DIEU PAR BACON AU COMMENCEMENT DU *NOVUM ORGANUM*.

Entraîné par l'amour éternel de la vérité, nous avons hardiment traversé les déserts et marché par des routes difficiles et incertaines. Fondé et appuyé sur le secours de Dieu, nous avons raidi notre âme contre les attaques d'une armée d'opinions diverses qui s'opposaient fortement à notre marche, contre nos propres incertitudes et nos propres craintes, contre les ténèbres, les nuages, les fantômes innombrables qui environnent toutes les choses et nous en dérobent la vue ; ces attaques et ces travaux nous les avons soutenus uniquement dans le désir de tracer à la génération présente et aux générations futures une route plus sûre et plus fidèle pour parvenir à la vérité ; mais, nous devons le dire, si nos efforts ont été couronnés de quelques succès, nous en sommes redevable aux soins que nous avons eus de contenir notre esprit dans les bornes d'une sage et sincère humilité.

Effectivement tous ceux qui, avant nous, se sont appliqués à l'invention des arts, après avoir jeté quelques coups d'œil rapides sur les choses, les exemples et les expériences, ont cru que c'en était assez ; et aussitôt, comme si pour inventer il suffisait de penser, ils ont invoqué, si je peux m'exprimer de la sorte, leur propre esprit, et lui ont demandé qu'il leur rendît des oracles. Mais nous avons une manière de procéder qui est bien différente : notre demeure perpétuelle et exclusive est au milieu même des choses ; et nous n'éloignons jamais notre entendement des mêmes choses qu'autant qu'il est nécessaire pour que leurs images et leurs rayons puissent, ainsi qu'il arrive dans l'organe de la vue, coïncider au même point ; d'où il arrive que les forces et l'excellence de l'esprit ne sont point ici d'un bien grand usage.

Or cette humilité qui nous a toujours précédé dans nos découvertes, nous a aussi accompagné dans l'exposition que nous en avons faite. Ainsi, nous n'avons point donné à nos réfutations l'appareil d'un triomphe ; nous ne nous sommes point environné avec affectation des témoignages de l'antiquité ; nous n'avons point pris le ton imposant de l'autorité ; nous ne nous sommes point enveloppé du voile d'une obscurité mystérieuse ; tous ces moyens qui auraient pu paraître propres à donner de l'intérêt et de l'importance à nos découvertes, nous ne les avons point mis en usage : non pas que nous n'en eussions eu la facilité, mais parce que nous sommes moins jaloux de donner de l'éclat à notre nom, que de répandre la lumière dans l'esprit des autres.

Ainsi, nous n'avons point fait de violence et nous n'avons point tendu de pièges aux hommes pour forcer ou pour suspendre leurs jugements ; mais nous les avons simplement amenés devant les choses et les points de contact qui les unissent, afin qu'ils remarquent eux-mêmes ce qu'ils possèdent déjà, ce qu'ils auront à réformer, à ajouter, à fournir pour l'utilité commune.

Pour nous, si quelquefois nous avons cru trop légèrement ; si nous n'avons pas toujours eu dans nos observations assez d'attention ou assez de vigilance ; si nous nous sommes arrêté au milieu de notre route, et que nous ayons rompu le fil de nos recherches, il est au moins vrai que nous présentons toujours les choses nues et sans voile ; en sorte qu'on peut facilement remarquer nos erreurs et les écarter, avant qu'elles aient eu le temps de pénétrer bien avant, et d'infecter la masse de la science ; outre qu'il sera toujours facile de renouer le fil de nos recherches.

Il résultera donc de notre travail que cette mésintelligence funeste, ce malheureux divorce qui a régné si longtemps entre le raisonnement et l'expérience, et qui a occasionné de si grands désordres parmi les hommes ; il résultera, dis-je, que ce divorce finira, pour faire place à une union véritable et légitime qui ne cessera jamais.

Mais, bien persuadé que nous ne pouvons réussir dans notre entreprise par nos seules forces, nous la commençons par invoquer le secours du Seigneur. Nous adressons donc à Dieu le Père, à Dieu le Verbe, à Dieu le Saint-Esprit, les prières les plus humbles et les plus ardentes pour que, touché de compassion à la vue des misères qui accablent le genre humain, et du triste *pèlerinage* de cette vie mortelle où nous coulons un *petit nombre de jours mauvais*, il daigne se servir de nos mains pour répandre sur les hommes de nouveaux secours et de nouveaux bienfaits.

(Novum Organ., præf., post med.)

LES ERREURS DE L'HOMME, DANS LES SCIENCES MÊME, ONT LEUR SOURCE DANS SA VOLONTÉ.

La lumière de l'entendement humain n'est pas toujours une lumière *sèche,* pour me servir de l'expression d'Héraclite [73] : elle n'est que trop souvent humectée par les infusions de notre volonté et de nos affections ; et voilà pourquoi nos connaissances sont ordinairement telles que le cœur les désire ; car nous croyons bien facilement ce que nous souhaitons être véritable : l'homme rejette donc les *vérités difficiles à découvrir,* parce qu'il n'a pas la patience de poursuivre ses recherches ; les vérités *sobres,* parce qu'elles ne remplissent pas ses espérances et ses désirs ; les vérités *les plus hautes de la nature,* parce qu'une religion mal entendue les lui rend suspectes ; les *vérités que lui fournirait l'expérience,* parce que, plein de vanité et de hauteur, il dédaigne de s'occuper de matières viles et périssables, et qu'il croirait au-dessous de lui d'y mettre la main ; les vérités *paradoxales,* parce qu'il craint de choquer l'opinion du vulgaire ; en un mot, la volonté agit sur l'entendement et l'influence en une infinité de manières qui sont souvent imperceptibles [74].

(Novum Organ., aph. 49.)

NÉCESSITÉ D'ÉTUDIER LA NATURE AVANT D'INVENTER DES SYSTÈMES, FONDÉE SUR LA RELIGION.

Combien de tentatives ont été faites pour expliquer l'origine et la nature du monde ! Pythagore, Philolaüs, Xénophane, Héraclite, Empédocle, Parménide, Anaxagore, Leucippe, Démocrite, Platon, Aristote, Théophraste, Zénon, et d'autres philosophes anciens, ont chacun, dans ce dessein, inventé un système. Parmi les modernes, Patricius, Telesius, Brunius, Severinus, chez les Danois ; Gilbert, chez les Anglais, Campanella, ont fait aussi des tentatives semblables qui ont ou moins d'éclat que celles des anciens ; et on conçoit facilement qu'en donnant l'essor à l'imagination, et en ne consultant qu'elle, on inventerait des systèmes jusqu'à la fin du monde... Mais par là nous expions, et en même temps nous imitons le péché de nos premiers parents. Ils voulurent être semblables à Dieu, et leurs descendants le veulent encore plus qu'eux ; car nous créons des mondes, nous devançons la nature, et nous lui commandons ; nous voulons que tout ait été arrangé comme il paraît convenable à notre petite raison, et non comme il a paru convenable à la sagesse divine, et comme le témoignerait l'état réel des choses si nous le consultions. Je ne sais si c'est notre esprit ou les choses elles-mêmes que nous tourmentons le plus ; ce que je sais, c'est que nous imprimons notre sceau et notre image sur les créatures et les ouvrages de Dieu, au lieu d'y chercher avec soin et d'y reconnaître l'image et le sceau du Créateur. Ainsi nous méritons bien de perdre encore une fois notre empire sur les créatures. Il nous restait, même après la chute de notre premier père, quelque partie de cet empire sur les créatures réfractaires à notre volonté ; nous avions en main, pour les subjuguer et les soumettre, des moyens réels et infaillibles ; mais cet avantage, nous l'avons perdu en très grande partie par notre témérité, parce que nous avons voulu être semblables à Dieu, et ne suivre que ce que nous dictait notre raison propre.

Voilà pourquoi, s'il existe encore quelque humilité à l'égard du Créateur, quelque estime et quelque respect pour ses ouvrages, si la charité pour le genre humain et le zèle à soulager ses misères et ses besoins, si l'amour de la vérité dans l'ordre des choses naturelles, si la haine des ténèbres et le désir de purifier son entendement, ne sont pas entièrement et pour toujours bannis de tous les cœurs, il faut instamment conjurer tous les hommes qu'abandonnant pour quelque temps, ou du moins mettant à l'écart les philosophies fantastiques qui, en plaçant les thèses avant les hypothèses, et tenant en captivité l'expérience, ont, pour ainsi dire, triomphé des œuvres du Créateur ; il faut, dis-je, conjurer les hommes de s'approcher avec humilité et avec une sorte de vénération du livre des créatures, pour l'ouvrir, le lire, le méditer longtemps, et pour qu'enfin, lavés et purifiés de toutes les souillures des opinions humaines, ils n'aient plus que des connaissances saines et pures. C'est là *ce discours, cette langue qui s'est fait entendre jusqu'aux extrémités de la terre* [75], et ne s'est point ressenti de *la confusion de Babel.* Que les hommes l'apprennent avec soin, et que, redevenant encore enfants, ils ne craignent point de prendre son alphabet dans leurs mains ; que, pour le bien entendre et en pénétrer tous les sens, ils n'épargnent ni temps, ni dépenses, ni travaux ; et quoique, dans le plan du grand ouvrage que nous avons entrepris sur la restauration des sciences, l'histoire naturelle n'en soit que la troisième partie, nous croyons devoir la traiter dès à présent comme la plus nécessaire et la plus importante de toutes.

Que le Dieu créateur, conservateur et réparateur de cet univers daigne, par un effet de sa bonté et de sa miséricorde, protéger notre ouvrage, et le faire tourner à sa plus grande gloire et au plus grand bien du genre humain. Je l'en supplie par son Fils unique Emmanuel, *Dieu avec nous.*

(Hist. natur. et experim. ad condendam phil. sive phœnomena univ.)

LOI UNIQUE ET SOMMAIRE QUI RÉGIT TOUTE LA NATURE ; ELLE A DIEU POUR AUTEUR, ET SERA TOUJOURS INCOMPRÉHENSIBLE À L'HOMME.

La Fable nous apprend que Cupidon ou l'Amour est plus ancien que tous les dieux, et par conséquent que toutes les choses, excepté le chaos, qui est aussi ancien que lui ; que l'Amour est absolument son père, quoique quelques anciens aient supposé qu'il était né de l'œuf de la nuit ; que l'Amour, uni au chaos, avait engendré les dieux et tout ce qui existe.

Cette fable remonte et appartient au berceau de la nature ; cet amour paraît être l'attrait ou l'aiguillon, *appetitus sive stimulus*, de la matière première, ou, pour parler plus clairement, *le mouvement naturel* de l'atome ; car par cet amour on doit nécessairement entendre cette force ou cette vertu primitive et unique qui fait et forme tout de la matière. On suppose que l'amour ou cette force n'a point de père, c'est-à-dire n'a point de cause ; c'est qu'effectivement, d'un côté, la cause est, par rapport à l'effet qu'elle produit, comme un père, et que, de l'autre, cette force ne peut avoir aucune cause dans la nature (Dieu étant toujours excepté), puisque rien n'existe avant elle dans la nature, et qu'ainsi rien n'a pu la produire, ni lui tenir lieu de père. Il faut peut-être désespérer que l'homme puisse jamais découvrir et comprendre la manière dont opère cette cause, et c'est apparemment ce qui a donné lieu à la fiction de l'œuf que la nuit fait éclore. Aussi le philosophe sacré, Salomon, a dit : *Dieu a fait toutes choses bonnes dans leur temps, et il a livré le monde à leur dispute, sans que l'homme cependant puisse connaître l'œuvre que Dieu a faite depuis le commencement jusqu'à la fin* [76] ; car cette loi sommaire de la nature, ou la force de cet amour imprimé par Dieu aux premières particules pour leur rassemblement, et qui, par la répétition et la multitude des rassemblements, a produit toutes les choses diverses qui remplissent l'univers ; cette force, dis-je, peut bien se présenter à la pensée des hommes, mais ne peut que bien difficilement y pénétrer : *cogitationem mortalium perstringere potest ; subire vix potest.*

Les philosophes grecs ont mis assez d'empressement et de subtilité dans la recherche des principes matériels des choses ; mais dans la recherche des principes du mouvement, dans lesquels consiste pourtant la vigueur de toutes les opérations de la nature, ils sont bien éloignés de mériter le même éloge ; surtout dans le point dont il s'agit maintenant, ils n'ont fait que tâtonner et balbutier ; car que veulent dire, je vous le demande, les péripatéticiens lorsqu'ils expliquent *l'aiguillon de la matière, stimulus materiæ*, par la privation ? C'est à peu près. ne rien dire, ou ne dire que des mots.

Il en est parmi ces philosophes qui rapportent cet *aiguillon* ou cette force de la matière à Dieu comme à son auteur : ils ont parfaitement raison, sans doute ; mais leur tort est de remonter tout à coup à Dieu par un saut, et non point par degrés : car entre les effets et Dieu il existe un intermédiaire ; cet intermédiaire est une loi *sommaire* et unique qui est comme le centre et le régulateur de toute la nature, et que Dieu, en quelque sorte, a substituée à lui-même. C'est cette loi que Salomon, dans le texte cité plus haut, exprime par cette circonlocution : *l'œuvre que Dieu opère depuis le commencement jusqu'à la fin.*

(*De Sap. vet.* par. 17.)

ENSEIGNEMENT DE L'ÉCRITURE SUR L'ORIGINE DU MONDE CONTRAIRE À LA DOCTRINE DE QUELQUES PHILOSOPHES : INUTILITÉ D'UNE RECHERCHE SUR LA MANIÈRE DONT LE MONDE AURAIT PU ÊTRE FORMÉ.

Telesius, philosophe napolitain, qui a suivi les traces de Parménide, les péripatéticiens [77], et tous les autres philosophes qui, dans leurs différents systèmes, supposent que le monde n'a point été précédé du chaos, montrent qu'ils n'avaient en cela que des vues bornées et des idées étroites. Il est bien vrai qu'à ne consulter uniquement que les sens, la matière paraîtra éternelle ; mais les Écritures nous enseignent que la matière a eu Dieu pour auteur, au lieu que si l'on en croit ces philosophes, la matière existe par elle-même.

La foi paraît nous enseigner sur cet objet trois points capitaux : le premier, c'est que la matière a été tirée du néant ; le deuxième, c'est que la matière n'a point passé par elle-même de l'état du chaos à l'ordre et à la forme dont nous la voyons aujourd'hui revêtue, mais que cet ordre, cette forme actuelle, ont été opérés par la toute-puissance divine ; le troisième, c'est que cet ordre était avant la chute de l'homme le meilleur de tous ceux dont la matière, telle qu'elle avait été créée, était susceptible. Mais les philosophes dont nous parlons n'ont jamais pu s'élever à la hauteur de ces vérités. Ils sont très éloignés de reconnaître la création de la matière ; ils soutiennent que c'est à la suite d'une multitude de circuits et d'essais qu'elle est enfin parvenue à son état actuel ; et, persuadés, comme ils sont, que le monde est de sa nature sujet à changer et à périr, ils s'inquiètent fort peu de l'optimisme de ce monde. Il faut, sur ces trois articles, s'en tenir à la foi et à ses fondements.

(*De Parmenidis, Telesii, etc., Philosophia*, post med.)

LA MORALE SOUMISE À LA THÉOLOGIE.

Nous voudrions consacrer quelques chapitres de notre grand ouvrage à la médecine de l'âme. Si quelqu'un nous représente que la cure des esprits est l'office propre de la théologie sacrée, il ne dira rien que nous ne reconnaissions très véritable ; mais qui empêche de faire entrer la *philosophie morale* au service de la théologie, sur le pied d'une servante sage et d'une suivante fidèle qui la serve et qui soit toujours prête à exécuter ses ordres ? Le Psalmiste témoigne, nous en convenons, que *les yeux de la servante sont toujours attachés sur les mains de sa maîtresse* [78] ; mais il n'en est pas moins vrai qu'il y a bien des choses qui sont abandonnées aux soins et au jugement de la servante. Il en est de même dans la morale : elle doit être entièrement dépendante de la théologie et docile à tous ses préceptes ; mais cela n'empêche pas que de son propre fonds elle ne puisse fournir bien des documents aussi sages qu'utiles.

(*De Augment. scient.*, lib. VII, cap. III, ad init.)

CAUSES FINALES ET CAUSES PHYSIQUES ; ACCORD DES
UNES ET DES AUTRES. PREUVES DE LA PROVIDENCE.

La recherche des causes finales est une partie de la
métaphysique. Nous ne disons point que cette partie ait été
entièrement négligée. Nous nous plaignons seulement qu'elle n'ait
point été traitée dans le lieu convenable, puisque c'est dans la
physique qu'on est en usage de s'en occuper, au lieu qu'on ne
devrait s'en occuper qu'en traitant de la métaphysique. Au reste,
s'il ne s'agissait que d'un défaut d'ordre, nos plaintes ne devraient
être que légères, parce que dans les sciences l'ordre, qui contribue
bien à leur ornement, n'appartient pas cependant à leur
substance ; mais cette inversion de l'ordre a produit ici un
désordre notable, et a été souverainement fatale à la philosophie ;
car la recherche des causes finales, placée dans la physique, a fait
entièrement perdre de vue les causes physiques ; d'où il est résulté
que les hommes, s'arrêtant à ces causes finales, souvent
imaginaires, mais toujours belles en apparence, ont négligé la
recherche des causes réelles et vraiment physiques, au grand
détriment des sciences.

Ce reproche ne doit pas seulement être fait à Platon, qui, dans
le vrai, ne s'occupe jamais que des causes finales. Aristote,
Galien [79] et d'autres philosophes méritent de le partager. Qu'un
philosophe propose ces causes finales ; qu'il nous dise, par
exemple : *Les paupières et les poils qui les garnissent servent aux
yeux comme de haie et de rempart* ; ou bien : *La peau dans les
animaux est forte et épaisse, pour les défendre contre la chaleur et
le froid* ; ou bien : *La nature a placé les os dans les corps comme
une espèce de charpente qui en soutient la fabrique* ; ou bien : *Les
arbres sont garnis de feuilles pour que les fruits souffrent moins
des vents et du soleil* ; ou bien : *Les nuages s'élèvent en haut pour
arroser la terre par les pluies* ; ou bien : *La terre est dense et solide
afin de pouvoir porter les animaux.* Qu'un philosophe, dis-je,
examine et propose toutes ces causes finales quand il parle en
métaphysicien, nous sommes bien éloigné de le trouver mauvais ;

mais nous nous plaignons que, lorsqu'il parle et agit en physicien, il s'occupe de ces sortes de causes et se borne à leur recherche.

Les déplacements et les écarts, ainsi que nous l'avons déjà insinué, sont aux sciences ce qu'on a prétendu que le *remora* est aux vaisseaux : ils les arrêtent, ils les empêchent (si l'on peut s'exprimer ainsi) de faire voile et de continuer leur route ; et, pour parler sans figure, c'est à eux qu'on doit s'en prendre si la recherche des causes physiques est négligée et oubliée depuis si longtemps. Aussi nous ne craignons point de le dire : la philosophie naturelle de Démocrite et des philosophes qui, pour rendre raison de tout ce qui existe, n'ont eu recours ni à Dieu ni à aucune intelligence, qui ont attribué la structure de l'univers à une infinité de préludes et d'essais de la nature (qu'ils appellent, d'un seul nom, le destin ou le hasard), et qui ont prétendu trouver les raisons d'existence pour les choses particulières dans la nécessité de la matière, sans jamais faire intervenir les causes finales ; cette philosophie, dis-je, nous a paru, autant qu'on peut en juger par les fragments qui nous en restent, beaucoup plus solide, quant aux causes physiques, et pénétrant beaucoup plus avant dans la nature que la philosophie de Platon et d'Aristote, par cette raison seulement que Démocrite ne s'occupe jamais des causes finales, et que Platon et Aristote s'en occupent sans cesse. Aristote est en ce point bien plus blâmable que Platon, parce qu'après avoir beaucoup parlé des causes finales, il ne parle jamais de Dieu, qui en est cependant l'unique source ; parce qu'il met la nature à la place de Dieu ; parce qu'enfin il a traité des causes finales en logicien plutôt qu'en théologien.

En parlant ainsi, nous sommes bien éloigné de vouloir insinuer que toutes les causes finales sont des chimères, et ne sont pas dignes d'occuper les recherches d'un métaphysicien ; nous prétendons seulement que s'occuper uniquement de la recherche de ces causes, et négliger entièrement celle des causes physiques lors même qu'on cultive le domaine de la physique, c'est dévaster en quelque sorte cette dernière science, et mettre à ses progrès le plus grand obstacle ; car autrement, et nous l'avons déjà insinué, si on ne s'occupe des causes finales que dans le lieu où il convient de le faire, nous sommes persuadé qu'on ne peut s'en occuper qu'avec avantage, et que ceux-là sont dans une grande erreur qui s'imaginent que ces causes sont contraires aux causes physiques, et ne peuvent se concilier avec elles. Par exemple, après avoir observé que *les poils de nos paupières sont faits pour garantir nos yeux*, si on observe encore que ces poils naissent à l'orifice de la partie humide, nous le demandons, en quoi cette dernière cause, qui est physique, combat-elle la première, qui est finale ? Si l'on dit encore que *la force et l'épaisseur de la peau dans les animaux a pour fin de les défendre contre les injures du temps*, l'assignation de cette cause finale empêche-t-elle qu'on n'indique encore la cause physique, et qu'on ne dise que *cette force de la peau a pour cause la contraction et le resserrement des pores, opérés par le froid et l'action de l'air* ? Il en est de même des autres causes finales et physiques : ces causes se concilient très bien les unes avec les autres ; il y a seulement cette différence entre elles, que l'une indique l'effet, et l'autre l'intention ; et certainement il n'y a rien en cela qui puisse répandre quelque doute sur la Providence divine et qui lui déroge en aucune manière ; au contraire, cet accord des causes physiques et des causes finales la prouve et la justifie admirablement. Je fais une comparaison. Dans l'ordre civil, si un politique habile, pour parvenir à ses fins, se sert du ministère des autres sans cependant leur rien communiquer de ses vues et de ses desseins, en sorte qu'en exécutant ce que désire ce politique ils ignorent pleinement qu'ils concourent à ses vues ; ce politique ne montre-t-il pas une habileté et une sagesse beaucoup plus profonde et plus admirable que s'il avait fait part à ses agents de tous ses desseins ? Il en est de même dans les œuvres de Dieu ; lorsque la nature faisant une chose, la Providence en tire et en procure une autre, la sagesse de Dieu éclate bien davantage que si les caractères de cette Providence étaient imprimés sur chaque figure et chaque mouvement de la nature.

Aristote, après avoir imprégné toute la nature de *causes finales*, et enseigné *que la nature ne fait rien en vain, qu'elle parvient toujours à son but si elle ne rencontre point d'obstacles*, après avoir dit beaucoup d'autres choses de cette espèce, n'a plus besoin de recourir à la Divinité ; mais Démocrite et Épicure, qui étaient patiemment écoutés de quelques philosophes subtils, tandis qu'ils se bornaient à vanter leurs atomes, ayant enfin prétendu que le concours fortuit de ces atomes avait donné naissance à cet univers, sans l'intervention d'aucune intelligence, ont fini par se couvrir de ridicule devant tous les hommes.

Loin donc que les causes physiques éloignent les hommes de reconnaître un Dieu et une Providence, il est arrivé, au contraire, que les philosophes qui se sont occupés de la recherche de ces causes n'ont point trouvé d'issue, au bout de leur travail, qu'en reconnaissant enfin un Dieu et une Providence.

(De Augment. scient., lib. III, cap. IV, vers. fin.)

ÉLOGE DE LA RELIGION CHRÉTIENNE. CALOMNIE DE MACHIAVEL [80] CONTRE LA RELIGION CHRÉTIENNE.

La bonté est incontestablement la première de toutes les vertus et de toutes les qualités de l'âme, puisqu'elle est le caractère et en quelque sorte l'image de la Divinité. Ôtez à l'homme la bonté, il ne sera plus qu'un être inquiet, méchant, malheureux, digne même d'être rangé dans la classe des insectes les plus nuisibles.

La bonté morale dont il s'agit répond à la vertu théologique qu'on appelle *charité*. Elle n'est pas susceptible d'excès, mais elle est susceptible d'erreur. Un désir excessif de la puissance a précipité les anges du ciel : un semblable désir de la science a chassé l'homme du paradis ; mais il ne peut jamais y avoir d'excès dans la charité, et jamais elle ne peut jeter dans aucun danger, ni les anges, ni les hommes.

L'inclination à la bonté est si profondément enracinée dans la nature humaine, que si les moyens et les occasions de s'exercer à l'égard des hommes lui manquent, elle s'exercera envers les animaux. Nous en avons un exemple dans les Turcs, d'ailleurs si cruels et si barbares. Ils sont pleins de compassion pour les bêtes, et vont jusqu'à faire des aumônes aux oiseaux et aux chiens ; leur répugnance à les voir souffrir est telle que, si on en croit Rusbecq, qui était alors à Constantinople, un orfèvre vénitien y courut le plus grand danger d'être mis en pièces par le peuple pour avoir seulement mis un bâillon dans le long bec d'un certain oiseau.

Cette vertu de bonté ou de *charité* a cependant ses erreurs ; les Italiens ont un mauvais proverbe : *Il est si bon, qu'il n'est bon à rien*, disent-ils ; et un de leurs docteurs (Nicolas Machiavel) n'a pas rougi d'écrire à peu près dans ces termes : *que la religion chrétienne avait livré tous les hommes bons et justes en proie à la méchanceté des tyrans*. Ce qui a occasionné cet indigne reproche de la part de Machiavel, c'est qu'il n'est effectivement aucune loi, aucune secte religieuse, ou philosophique, qui ait autant exalté la bonté que la religion chrétienne...

La bonté a plusieurs marques et plusieurs fonctions différentes : si quelqu'un se montre bon et humain à l'égard des étrangers, il prouve par là qu'il est citoyen du monde, et que son cœur peut être comparé, non à une île, qui est séparée des autres terres, mais au continent, qui les embrasse toutes ; s'il compatit aux affections des autres, on peut dire que son cœur est semblable à cet arbre tant vanté de la Palestine, qui est blessé lui-même lorsqu'il répand le baume ; s'il oublie et pardonne facilement les offenses, c'est une marque que son âme est si élevée, qu'elle est inaccessible aux injures ; s'il est touché des plus petits services, on a la preuve que c'est aux intentions, et non point aux choses mêmes, qu'il met du prix ; mais surtout, s'il est parvenu à ce suprême degré de perfection où était monté saint Paul, et qu'il aille jusqu'à se dévouer, comme cet apôtre, et consentir à être anathème pour le salut de ses frères, alors il est vrai de dire qu'il approche beaucoup de la nature divine, et qu'il est en quelque sorte semblable à Jésus-Christ.

(*Fidel. Serm.*, cap. XIII.)

Pensées de Bacon, Kepler, Newton et Euler sur la religion et la morale, publiées sous la direction de Mgr Dupanloup, évêque d'Orléans, par l'abbé V. Rocher, chanoine d'Orléans, Mame, 1879.

¹ Leucippe, né à Abdère, ville de Thrace, florissait vers l'an 500 av. J.-C. Selon lui, l'espace est rempli d'une matière réductible à des éléments simples, insécables, qu'il appelle pour cette raison *atomes*. Ces petits corps, se mouvant incessamment, se rencontrent, s'unissent, se séparent pour se rencontrer encore. Ainsi s'expliquent, sans l'intervention de qui que ce soit, et la formation de l'univers et les changements continuels dont il offre le spectacle.

Ce système a été admis, avec quelques modifications, par Démocrite, né à Abdère, vers l'an 470 av. J.-C., et par Épicure, né dans l'île de Samos (341 av. J.-C.). On voudrait aujourd'hui remettre en honneur les idées de Leucippe et d'Épicure.

² Psalm. XIII, 1.

³ Diagoras, né dans l'île de Mélos, vivait vers l'an 400 av. J.-C. Une injustice, qui avait blessé son amour-propre, le jeta dans l'athéisme. L'Aréopage mit sa tête à prix à cause de ses impiétés. – Ilion, philosophe grec, florissait vers l'an 270 av. J.-C. D'abord disciple de Cratès, puis cynique et athée, il est connu par quelques sentences où se montrent également la bizarrerie, le bon sens et l'orgueil. Il mourut en demandant pardon de ses impiétés. – Lucien, sophiste grec, né à Samosate, en Syrie, vers l'an 127 de J.-C., fut d'abord rhéteur, puis philosophe de l'école de Pyrrhon. Il écrivit beaucoup contre les philosophes et les divinités du paganisme, sans épargner les chrétiens et leurs croyances.

⁴ Isaïe XXIV, 2.

⁵ L'athéisme, dit Montaigne, étant une proposition comme dénaturée et monstrueuse, difficile et aussi malaisée à établir dans l'esprit humain, pour insolent et déréglé qu'il puisse être, il s'en est vu, par vanité et fierté de concevoir des opinions non vulgaires et réformatrices du monde, en affecter la profession par contenance, qui, s'ils *sont assez fous, ne sont pas assez forts pour l'avoir planté.* (Essais, liv. II, chap. XII.)

⁶ Habac. 1, 16.

⁷ *Prov.* IX, 7.

⁸ *Ibid.*, X, 7.

⁹ I Coloss. II, 18.

¹⁰ Euler a pensé aussi qu'à la faveur de la seule lumière naturelle on pouvait faire des recherches sur la possibilité, l'existence et la nature des démons. Voici comment il parle des esprits malfaisants dans sa XCVIᵉ lettre à une princesse d'Allemagne :

« Le péché est sans doute le plus grand mal et la plus grande imperfection qui puisse exister. Il ne saurait y avoir, en effet, à l'égard des esprits, un plus grand dérèglement que quand ils s'écartent des lois éternelles de la vertu et qu'ils s'abandonnent au vice. La vertu est le seul moyen de rendre un esprit heureux, et il serait impossible à Dieu de rendre heureux un esprit vicieux. Tout esprit adonné au vice est nécessairement malheureux ; et tant qu'il ne retourne pas à la vertu, ce qui pourrait bien être souvent impossible, ses malheurs ne sauraient jamais finir : et voilà l'idée que je me forme des diables, des esprits méchants et de l'enfer, laquelle me paraît être très bien d'accord avec ce que la sainte Écriture nous enseigne là-dessus.

« Les esprits forts se moquent quand ils entendent parler des diables ; mais comme les hommes ne sauraient prétendre être les meilleurs de tous les êtres raisonnables, on ne pourrait non plus les accuser d'être les plus méchants. Il y a sans doute des êtres beaucoup plus méchants que les hommes qui le sont le plus, et ce sont les diables. »

[11] II Cor. II, 11.

[12] II Petr. III, 8.

[13] Ephes. II, 12.

[14] Habac. II, 2.

[15] Marc. VII, 37.

[16] Apoc. XIII, 8.

[17] Il faut ajouter *et sur la tradition,* qui est le second dépôt de la révélation.

[18] I Cor. XV, 24.

[19] *Ibid.,* IV, 4.

[20] Matth. XVI, 25.

[21] *Ibid.,* XXXVII, 38.

[22] Galat. I, 10.

[23] I Tim. V, 8.

[24] Psalm. CXVIII.

[25] Rom. VII, 23.

[26] *Ibid.,* VI, 14.

[27] *Ibid.,* VII, 19.

[28] Coloss. III, 5.

[29] Matth. XV.

[30] Pour mieux sentir la beauté de cette prière, il est bon de savoir que Bacon la composa dans le temps de sa disgrâce ; elle faisait l'admiration du célèbre Addison.

« C'est avec un extrême plaisir, dit-il, que j'ai trouvé parmi les ouvrages de ce grand homme une prière de sa propre composition, qui, par la noblesse des pensées et la force de l'expression, respire une piété plus angélique qu'humaine. Le plus grand défaut de Bacon semble avoir été l'excès de cette vertu qui *couvre une multitude de péchés* (la charité) ; elle le porta à avoir trop d'indulgence pour ses domestiques, qui en abusèrent au point qu'il se vit enlever les dignités et les richesses que son mérite extraordinaire avait accumulées sur sa tête ; mais dans cette prière on voit qu'au temps où il se prosternait devant le Dieu des miséricordes et s'humiliait sous les afflictions dont il était accablé, il se soutenait par le sentiment intérieur de son intégrité, par sa piété, par son zèle et son amour pour le genre humain : ce qui lui donne, dans l'esprit des hommes qui pensent, une grandeur bien plus réelle que celle dont les hommes l'avaient dépouillé. » (*Tattler, ou le Babillard*, t. IV, nº 267.)

[31] Psalm. LXXIX.

[32] Psalm. CXIX, 6.

[33] Rom. XI, 17.

[34] Luc. XV, 16.

[35] Joan. XIV, 6.

[36] Ezech. XXXIII, 11.

[37] Jerem. XXXI, 18.

[38] Apoc. XX, 6.

[39] Eccle. I, 17.

[40] On voit la même prière avec quelques variantes à la fin de l'opuscule ayant pour titre : *Aphorismi et consilia de auxiliis Dei et ascensione luminis naturalis.* Nous croyons devoir la donner encore :

« Ô Père ! quand vous considérâtes les créatures qui étaient l'ouvrage de vos mains, vous reconnûtes qu'elles *étaient toutes parfaitement bonnes* ; mais quand l'homme voulut considérer les œuvres de ses mains propres, il vit que toutes étaient *vanité et affliction d'esprit.* Si nous nous occupions infatigablement de la contemplation de vos œuvres, vous nous feriez sans doute entrer en participation de la complaisance qu'elles vous inspirèrent, et du repos dans lequel vous entrâtes après leur création. Nous vous demandons instamment que la volonté où nous sommes de faire de cette contemplation notre occupation principale ne s'affaiblisse jamais, et que nos mains puissent être les instruments dont vous vous servirez pour répandre de nouvelles grâces et de nouveaux bienfaits sur la grande famille des hommes.

« Nous attendons cette faveur de votre amour éternel, par notre Sauveur *Jésus, votre Christ, Dieu avec nous.* »

[41] Le testament est du 19 décembre 1625 ; Bacon est mort le 9 avril 1626.

[42] Eccle. VII, 2.

[43] Ce souverain était Charles Iᵉʳ, monté depuis peu sur le trône.

[44] Le psaume dont il s'agit est le LXXXIXᵉ parmi les psaumes de David. Il porte effectivement en titre dans l'original : *Prière de Moïse, homme de Dieu.* La plupart des anciens et nouveaux interprètes croient qu'il est véritablement de Moïse. Calmet pense différemment ; il s'appuie sur ce que l'auteur fixe la durée de la vie des hommes à soixante-dix ans, et tout au plus à quatre-vingts, au lieu qu'au temps de Moïse il n'était pas rare de voir des hommes de cent ans.

[45] Sur la nouvelle *Atlantide*, voyez, à la fin de la Notice sur la vie de Bacon, l'indication des ouvrages qu'il a composés.

[46] On sent bien que ce récit est une fiction incidente à la grande fiction de la nouvelle Atlantide ; mais on sent en même temps que cette

fiction, indifférente en son espèce pour l'objet principal que Bacon avait en vue, n'a pu être imaginée et mise en œuvre que par un auteur pénétré d'amour et de vénération pour le christianisme.

[47] Matth. XXII, 29.

[48] II Cor. V, 13.

[49] I Cor. IX, 22.

[50] I Cor. VIII, 1.

[51] Eccle. XII, 12.

[52] *Ibid.*, I, 18.

[53] Coloss. II, 8.

[54] Eccle. I, 8.

[55] Eccle. III, 11.

[56] *Ibid.*

[57] I Cor. XIII, 1.

[58] Eccle. II, 14.

[59] Job XIII, 7.

[60] Act. VII, 22.

[61] Levit. XIII.

[62] Job XXVI, 7.

[63] *Ibid.*, XXVI, 13. Le P. de Carrière croit devoir traduire ainsi : « Son esprit a orné les cieux d'une infinité d'étoiles, et l'adresse de sa main puissante a fait paraître dans l'arrangement de celles qui forment la voie lactée la figure d'un serpent plein de replis. » (*Note de M. Émery.*)

[64] Job XXXVIII, 31.

[65] *Ibid.*, IX, 9.

[66] Job X, 10.

[67] L'hébreu peut se rendre ainsi : *On a trouvé le secret de tirer* l'argent de la mine où il est caché, et de mettre l'or dans le creuset pour l'affiner ; on a trouvé le secret de tirer de la terre le fer, et de fondre les pierres en airain. (*Note de M. Émery.*)

[68] III Reg. IV, 33.

[69] Prov. XXV, 2.

[70] Bacon se plaît dans cette réflexion. Il la répète dans le *Novum Organum*. Dans l'opuscule : *Cogilata et visa*, post. med., il ajoute ce qui suit : « Cette gloire attachée à la découverte des secrets que Dieu avait voulu nous cacher, et qui ennoblit véritablement la nature humaine, est encore d'autant plus précieuse qu'elle ne peut jamais exciter de troubles ni de remords dans les âmes, et que, différente en cela des autres avantages qu'on obtient dans la société civile, elle ne s'acquiert au préjudice et avec le mécontentement de personne. » (*Note de M. Emery.*)

[71] Matth. XXII, 29.

[72] Eccle. I, 10.

[73] HÉRACLITE, né à Éphèse, florissait vers l'an 500 av. J.-C. Il se laissa mourir de faim, à l'âge d'environ soixante ans. Dans son système, le feu joue le plus grand rôle ; c'est la substance unique, l'agent universel. Le

monde n'est qu'un feu qui s'allume et s'éteint de lui-même selon ses lois propres. Tout changement est dû à l'opposition de deux forces rivales : l'une qui rapproche et accorde, l'autre qui sépare et divise. Le principe du mouvement matériel est aussi le principe de la pensée. L'âme sèche est la meilleure.

[74] Bacon est ici parfaitement d'accord avec Descartes : ces deux philosophes pensent que la volonté de l'homme étant plus vaste dans ses désirs que l'entendement ne l'est dans ses conceptions, et l'homme portant son jugement sur les objets avant de les avoir suffisamment examinés et de s'en être fait des idées claires et distinctes, il en résulte qu'il donne à une évidence insuffisante un assentiment aveugle, téméraire et mal fondé.

Nos incrédules objectent sans cesse contre la religion chrétienne que la foi, si rigoureusement exigée par cette religion, est un acte de l'entendement où la volonté n'a point de part ; que conséquemment on ne peut pas mériter par la foi, comme on ne peut pas non plus démériter par le défaut de foi, puisqu'il ne dépend pas de nous de croire ou de ne croire pas ; mais la doctrine précédente, confirmée par le suffrage de nos deux grands philosophes et constante par elle-même, est l'éponge de cette difficulté.

Cette doctrine, au reste, a déplu à Spinoza, et c'était ce que nous voulions principalement faire observer dans cette note ; il en prend occasion de blâmer la méthode de Bacon, et de dire que ce philosophe erre dès le premier pas en assignant la volonté comme source de nos erreurs ; qu'il n'existe dans l'homme rien de semblable à ce qu'on appelle volonté ou faculté de vouloir ; que nos volontés sont des actes particuliers aussi nécessairement déterminés par l'enchaînement des causes physiques qu'aucun autre effet dans les corps naturels. (Spin., *Op. posthum.*, p. 398.)

Sur quoi le docteur anglais Tenison observe judicieusement que ce serait donc bien inutilement qu'on recourrait à ce maître pour apprendre à corriger ses erreurs, puisqu'à l'entendre ces erreurs sont nécessaires, et ne peuvent se corriger qu'autant que l'homme, et tout l'univers avec lui, changerait de nature. (*Note de M. Émery.*)

[75] Rom. X, 18.

[76] Eccle. III, 2.

[77] TELESIO ou TELESIUS naquit en 1509, à Cosenza, dans le royaume de Naples. L'œuvre à laquelle il consacra sa vie fut le renversement de la domination d'Aristote et son expulsion de l'enseignement philosophique. Le système de Telesio n'est pas meilleur que celui qu'il voulait détruire : aux deux principes de Parménide, la chaleur et le froid, Telesio ajouta la matière, qui est exposée à l'action des deux premiers, et ne diminue jamais dans l'univers. La chaleur répandue dans les airs, le froid concentré dans la terre, ne cessent jamais de se combattre sur les bords de leur empire ; c'est de ce choc éternel que tout procède. Telesio mourut

en 1588. – PARMÉNIDE, philosophe grec d'Élée, ville de la Mysie, dans l'Asie Mineure, vivait vers l'an 504 av. J.-C. Il était disciple de Xénophane et d'Anaximandre. On a de lui quelques fragments d'un poème qu'il composa sur la nature. – Les péripatéticiens étaient les disciples d'Aristote, né à Stagire, en Macédoine, 384 ans av. J.-C.

[78] Psalm. CXXII, 2.

[79] PLATON naquit à Athènes, ou à Égine, l'an 430 ou 429 av. J.-C. Il étudia à peu près tout ce que l'on enseignait de son temps. Ayant entendu Socrate, il abandonna la poésie, objet de ses premières affections, pour se livrer tout entier à la philosophie. L'injuste condamnation de son maître lui fit quitter Athènes ; c'est alors qu'il voyagea dans la Grande Grèce, en Égypte et en Sicile. Il put ainsi conférer avec les savants de ces pays. Les ouvrages de Platon sont nombreux. Ce philosophe mourut à l'âge de 81 ans. – ARISTOTE naquit à Stagire, en Macédoine, 384 ans av. J.-C. Dirigé d'abord dans ses études par son père, médecin du roi Amyntas, aïeul d'Alexandre, il s'attacha ensuite pendant vingt ans à Platon, dont les leçons l'enthousiasmaient. En l'année 343, Philippe confia à Aristote l'éducation de son fils Alexandre, alors âgé de treize ans. Ce grand philosophe se fixa pour quelque temps à Athènes, où il fonda la célèbre école des *péripatéticiens*, ainsi appelée du nom de la promenade publique où Aristote donnait ses leçons. Cet illustre personnage mourut à Chalcis, dans l'île d'Eubée, l'an 322 av. J.-C. – GALIEN, célèbre médecin, vint au monde à Pergame, vers l'an 131 de J.-C. Il ne négligea rien pour s'instruire ; il étudia à peu près toutes les sciences connues de son temps, voyagea, et se fit admirer surtout à Alexandrie et à Rome. Quoiqu'il ait exagéré la doctrine des causes finales, il a déclaré que l'harmonie de la création, et en particulier du corps humain, était une démonstration évidente de l'existence et de la sagesse du Créateur. Galien mourut dans sa patrie, l'an 210 de J.-C.

[80] Nicolas MACHIAVEL naquit à Florence, en l'an 1459, d'une famille noble. Après s'être livré à la poésie, et avoir composé des contes immoraux, il prit part à plusieurs conspirations dans sa patrie. Nommé secrétaire et historiographe de la ville de Florence, il en écrivit l'histoire de 1205 à 1494. Malgré ces deux emplois, Machiavel mourut dans l'indigence et la misère, en 1527. Son livre du *Prince* est, suivant Feller, le bréviaire des ambitieux, des fourbes et des scélérats. Cet ouvrage a été réfuté par Frédéric II, roi de Prusse, dans son *Anti-Machiavel.*